D

Erich Wasem
Medien in der Schulpraxis

Herderbücherei Band 9021 : : 128 Seiten

Weder in den Universitäten noch in den Schulen ist das Gutenberg-Zeitalter zu Ende. Im Zeitalter der Audiovision gehört der mediale Rückstand zum normalen Erscheinungsbild des Schulalltags. Warum verzichtet ein Großteil der Lehrer auf die Chancen der Medien? Sind die Schulen zu dürftig ausgerüstet? Ist das verfügbare Material zu schlecht, zu schwer zu beschaffen? Oder sind einfache Möglichkeiten, in Überschätzung der Technologie, einfach vergessen worden?

Das Problem ist vielschichtig. Der entscheidende Fehler der bisherigen Mediendidaktik liegt in der einseitigen Fixierung auf einige wenige Medienarten. Es fehlte die Einbeziehung außerschulischer Medien in der Schulpraxis. Der Leser dieses Taschenbuches wird überrascht sein, wie vielfältig die Möglichkeiten der Integration außerschulischer Mittel und Mittler in den Schulalltag sind. Erich Wasem, ein namhafter Medienfachmann, gibt anhand zahlreicher Beispiele Denkanstöße mit dem Ziel, den praktizierenden Lehrer zur Entfaltung der eigenen Phantasie anzuregen – denn Phantasie gehört dazu, um im konkreten Fall die vorhandenen medialen Möglichkeiten auszuschöpfen und den individuellen Bedürfnissen einer einzelnen Klasse gerecht zu werden

Herderbücherei

Elterninformation

Walter Hemsing
Müssen Kinder Angst haben?
Band 527 · · 144 Seiten

Christa Meves
Freiheit will gelernt sein
Band 517 · · 144 Seiten, 2. Aufl.

Magda von Neuerer
Elternlexikon
Band 498 ::. 304 Seiten

Reinhold Ruthe
Faulheit ist heilbar
Band 520 · · 128 Seiten

Anita Stevens/Lucy Freeman
Ich hasse meine Eltern
Band 513 · · 160 Seiten

in der Herderbücherei

Herderbücherei

Band 537

Über das Buch

In den „Curricula“ kommen die Fachwissenschaften in den Unterrichtsfächern heute voll zum Zug. Die Alltagsprobleme bleiben darüber häufig vor der Schultüre zurück. Das vorliegende Buch verweist auf das reale Leben der Kinder und kann deshalb in allen Kapiteln für den Lehrplan Nachhilfeunterricht geben.
Verbindungen sind vom Leser leicht zu ziehen, weil der Verfasser dessen Bedürfnisse und Sorgen kennt. Gegen Schönfärberei und Selbstbetrug in der Schule richten sich die kurzen Beiträge. Das bedeutet, bei allem gebotenen Ernst, sich selbst gelegentlich „auf den Arm nehmen“ zu können, zu einem Lachen trotzdem in der Lage zu sein und einer Wissenschaftssprache zu entsagen, die nur die „Insider“ einer akademischen Provinz schreiben.
Pädagogik bedeutet für Wasem nicht nur – der Tradition entsprechend – „System und Geschichte“ dieser Wissenschaft zu erforschen und zu lehren, sondern gerade für das Kind und von ihm her gesellschaftlich bedeutsame Felder erschließen zu helfen. In ihnen bewegt sich jedermann ohnehin täglich. Das gilt für Kommunikationsmedien der Schule und der Öffentlichkeit ebenso wie für das Gebiet der Kunst und ihrer Relation zur Erziehung. Ein Erkenntnisweg, der sich gleichberechtigt mit der Wissenschaft offen anbieten sollte (wie das in der Geschichte schon öfters gelungen ist). Eine pädagogische Praxis sieht Wasem mit Vorrang auch darin, sich bei Eltern und Kindern, also den wahren Adressaten aller Pädagogik, der Resonanz dadurch zu versichern, daß er für sie selbst gelegentlich künstlerisch arbeitet.

Über den Autor

Erich Wasem, geb. 1923 in Puttenhausen/Niederbayern. Dr. phil. habil., seit 1960 Professor für Pädagogik an der Erziehungswissenschaftlichen Fakultät der Universität München. Jugendschutzsachverständiger des Landes Bayern in der FSK, zweimaliges Jury-Mitglied des „Prix-Jeunesse“, Produktionsberatung und Gestaltung von Kinderfernsehbeiträgen. – Bücher der letzten Jahre: Der audiovisuelle Wohlstand, München 1968; Medien der Öffentlichkeit, Düsseldorf 1969; Arbeitslehre – Berufskunde im Schulfernsehen, München 1971; Medien der Schule, München 1971; Medien in der Schulpraxis, Freiburg 1974.

Erich Wasem

Helft Kindern leben

Erziehung, die den Alltag sieht

Herderbücherei

Originalausgabe
erstmals veröffentlicht als Herder-Taschenbuch
Umschlagfoto: Ulrich Glaser

Herder Freiburg · Basel · Wien
Freiburger Graphische Betriebe 1975
ISBN 3-451-07537-7

Inhalt

Vorbemerkung

Wer die Schulreformen, die Bildungspläne, die pädagogischen Bemühungen um unsere Kinder mit verfolgt, wird über den Erlassen, Maßnahmen, kulturpolitischen Entscheidungen und Finanzierungsschwierigkeiten oft eher resignieren denn neuen Mut fassen. Die vorliegenden Glossen* (notabene von glossa = „Zunge“ abgeleitet) sollen Aufmerksamkeit für pädagogische Alltagsprobleme wecken. Da und dort aufkommende Polemik oder leiser Spott ergeben sich ganz natürlich, z. B. angesichts des Glaubens an die technologische Machbarkeit zwischenmenschlicher Prozesse. Dauernde Planung und Hektik der Verwaltung verdrängen nicht selten Aufgaben der Schule, obwohl sie die Eltern oft als bittere Notwendigkeit empfinden. So ist eine Absicht, zu einer neuen Gelassenheit gegenüber selbstherrlicher Darstellung von Bildungszielen zu verhelfen und zugleich zu pädagogischen Aktivitäten zu ermutigen, die heute durch zeitbedingte Trends zu kurz kommen, wie etwa die „Schülerschule“, in der sich die Kinder gegenseitig selbst helfen.

Einzelne Aufsätze dieses Buches sind in früheren Jahren in den Zeitschriften „Pädagogische Welt“ und „Unsere Jugend“ erstmals veröffentlicht worden. Inzwischen wurden die Beiträge überarbeitet und dort, wo es nötig war, auf den neuesten Stand gebracht. Die Besonderheit, wissenschaftliche Fragestellungen leicht verständlich und, wenn möglich, unterhaltsam anzubieten, ist beibehalten. Die pädagogische Fachliteratur hat es nur in ganz wenigen Fällen verstanden, sich zwischen Satire und Marginalie sicher und selbstbewußt zu bewegen, ohne sich in literarische Formen aufzulösen. Dem intensiven Block der sehr spröden Lehrerausbildungsliteratur stand eine „effiziente“ populäre Eltern-Aufklärungspublizistik gegen-

* Duden: Glosse = erklärende, deutende (Rand-)bemerkung.

über. Deren Niveau erleichterte zwar das Verständnis, wurde aber dafür von den Gruppen nicht ernst genommen, die Pädagogik kulturpolitisch zu ändern in der Lage waren. Sich zwischen solchen Blöcken zu bewegen kann bedeuten, zerrieben zu werden, bleibt aber auf jeden Fall eine Huldigung an eine pädagogische Ausdrucksform, die ihren Seltenheitswert wieder verlieren sollte.

Halbe Sachen

Jeder zehnte Verkehrstote ist ein Kind. Die Zahl der z.T. schwer verletzten Kinder (1972: 27455) ist etwa 13mal so hoch wie die Zahl der getöteten Kinder: 2114 pro Jahr (1972). (Das Verhältnis der Knaben zu den Mädchen bei Unfällen ist dabei in etwa 3 : 2.) An 70% dieser Unfälle sind die Opfer selbst schuld. Eine Stunde Verkehrsunterricht pro Woche dagegenzusetzen wäre schon ein Maximum an Überlebenstechnik in der Schule. Oft sind es nur 8 Stunden oder gar nur 2–3 im Jahr.

Seit einigen Jahren verstärken wenigstens die Automobil-Clubs die Verkehrserziehung durch Lehrerfortbildungstage. Für viel zuwenig Pädagogen. Die Schule kann nicht so recht mithalten, trotz mancher Einfälle vom Verkehrskasperl bis zur gelben Warnkleidung für die ABC-Schützen. Tatsächlich sind ein gelbes Käppi, Leuchtstiefel und ein Kanarienvogelmantel ein wirksames Signal; aber derartige Erfindungen sind dazu da, Versäumnisse im nachhinein zu mildern. Um es klipp und klar zu sagen: Ein Schulkind, das nicht verkehrssicher ist, ist für alle Verkehrsteilnehmer und sich selbst eine große Gefahr. Relative Verkehrssicherheit und Schulreife sollten zusammengehören.

Die Dreijährigen, die bereits gelernt haben, auf einem Minirad herumzustrampeln, vor oder hinter der Mama, lernen, sich in deren Schatten wohlzufühlen, ohne links und rechts zu schauen. Als Sechs- oder Siebenjährige begegnen sie uns wieder mit Kinderrädern, und wenn die Schule aus ist, schießen sie gruppenweise, ohne irgendeine Vorfahrt zu beachten, in die Hauptstraße hinein. Dem Autofahrer mit Rechtsvorfahrt gewähren die Kinder nicht immer „Vorfahrt". Ein Viertel der Zwölf- bis Vierzehnjährigen (vor allem der Volksschule) soll die Verkehrszeichen nicht kennen, bei den Zehn- bis Zwölfjährigen dürfte es etwa die Hälfte sein. Von 437 im Jahre 1972 getöteten kindlichen Radfahrern verstand sicher ein Teil nicht richtig abzubiegen.

In den oberen Klassen führen Schüler in der Vorpubertät mit bocksgehörnten Artistenrädern, Bonanzarädern, die wegen ihres anziehenden Lenkers Mode sind, Kunststücke auf, mit oder ohne Sozius. Schultaschen hängen überall, aber sie sind nicht dort, wo sie sollen, auf dem Gepäckträger eingeklemmt. Balanceure sind diese Kinder durchaus, aber keine perfekten Verkehrsteilnehmer. Wann endlich kommt der Führerschein für das Fahrrad? Wieso kommt nämlich ein Mensch dazu, der, ohne Verkehrsregeln beachten zu können oder zu wollen, mit einer Geschwindigkeit von 20 km draufloszufahren, im Fahrrad stehend oder in freihändiger Fahrt? Im Fahrrad ohne Pflichtinspektion!

Die freiwilligen Radfahrprüfungen der Polizei werden genau von denen gemacht, die es eigentlich gar nicht nötig hätten. (Das Jugendverkehrsabzeichen sieht eher nach Kür denn nach Pflicht aus.) Ein betrunkener Fußgänger macht sich strafbar, weil er den Verkehr gefährdet. Bei den Kindern jedoch übt man zu große Nachsicht, wenn sie sich falsch verhalten. Freilich müßte konsequenterweise auch der Oma das Fahrrad entzogen werden, wenn auch sie ein schlechtes Beispiel gibt, indem sie im unvorhergesehenen Moment nachtwandlerisch einfach vom Rad steigt, wie ein schlechter Reiter, der nicht weiß, wie er von seinem hohen Roß herunterkommt. Sie ist gewohnt, sich blind auf die Rücksichtnahme der Autofahrer zu verlassen. Auf die Idee, einen Fahrradrückspiegel zu kaufen, käme sie ohnehin nie. Oder haben Sie schon einmal eine Oma gesehen, die mit Augen gefahren ist und nicht einfach in der Gewißheit: „Die werden sich hüten, mich anzufahren!“? Die Kinder ahmen diese falsche Selbstsicherheit nach.

Sich gegen die Vogelfreiheit bestimmter Gruppen von Verkehrsteilnehmern auszusprechen kann diesen nur dienen, weil sie eben wegen ihrer buchstäblichen Unerfahrenheit trotz erster Fahrpraxis keine Ahnung von den wahren Verkehrsverhältnissen haben. Wie soll ein Kind den Bremsweg eines Autos auf regennasser Straße auch beurteilen können? Mit den Mahnungen des Kasperls, nicht auf die Straße zu laufen, ist in dem Augenblick nicht viel erreicht, wo man sich ins Ballspiel hineingesteigert hat. Wir nehmen die Kinder viel zuwenig ernst und umgeben die wirklichen Situationen mit methodischen Mätzchen. (Der gleiche Kasperl, der vor Autos warnt, macht grinsend auch den „bösen Onkel“ schlecht, statt daß es die Erzieher wagen, unumschränkt zu sagen, was da und dort passieren kann.)

Konsequenzen: Verkehrstests für Schulanfänger. Bei Fehlen eines Schulbusses gegebenenfalls Zurückstellung verkehrsunsicherer und verängstigter Kinder. Frühzeitige Radfahrerprüfung mit der Möglichkeit des Führerscheinentzugs bei Verstößen der Schüler. Ernsthafte Zusammenarbeit der örtlichen Schülerlotsen mit den regulären „weißen Mäusen". Kein Schulhausbau mehr ohne klare Verkehrsregelungen im Umkreis des Einzugsgebiets. Völlig unmöglich ist es, dabei nicht durch Schilder zwischen Haupt- und Nebenstraßen zu unterscheiden, sondern die Kinder mit der Rechts-vor-links-Regel fahren zu lassen. Bei Fehlen von Zebrastreifen müßte der Gemeinderat wegen Fahrlässigkeit sofort zur Rechenschaft gezogen werden, damit nicht – wie so oft – „dunkle Punkte" erst dann bereinigt werden, wenn ein Unglück passiert ist. Von der Akribie der Mondfahrerei nur ein Quentchen abzuleiten hieße bereits die Sicherheit auf der Straße um 1000 Prozent erhöhen. Vorsicht war zwar schon immer die Mutter der Porzellankiste, aber im Straßenverkehr der Schüler ist das Lotteriespiel die Rabenmutter des Schulwegs.

Super-8-mm-Schleifenfilme dürften ruhig Verkehrsregeln durch pausenlose Wiederholung festigen. Gewöhnungen kommen zeitlich vor der Erziehung (Verkehrserziehungszeitschriften für Schüler oder „Aktionen", meist sowieso nur in größeren Orten, sind ganz gut, aber zu allgemein und zu unpersönlich gezielt). Und der 7. Sinn der ARD kommt, ohne wiederholt zu werden, zur Nachtzeit!

Bergwacht, Wasserwacht, Seenotrettungsdienst der Jugend sind mindestens 40 Jahre alt, aber Erste-Hilfe-Kurse gibt es erst seit 1969 in der Fahrschule der Großen obligatorisch, nicht aber im Unterricht der Schule. Es gibt ja auch keine Radfahrerprüfung. Aber Erste-Hilfe-Kurse sind schon wieder ein neuer Punkt der Versäumnisse.

Noch ein Nachsatz, der die Gewichte gleichmäßiger verteilen soll: „Schuld" hat weder einseitig die Schule, noch trifft sie vorwiegend nur die Kinder selber. Die Autofahrer z. B. sind wegen der Vorwürfe an „die anderen" nicht etwa „besser". Zwingt nicht der rasante Großstadtverkehr insgesamt die Kinder, es täglich neu „darauf ankommen" zu lassen, wenn sie beispielsweise zwischen den überall parkenden Autos endlich ihre Lücke zum „Rüberspringen" gefunden haben?

Textaufgaben aus dem Stundenplan

Die höhere Schule steht nicht erst seit den jüngsten Debatten um die integrierte Lehrerbildung in der Diskussion. Manche der Kritiker sind fast schon wieder vergessen: Blättner, Edding, Hellbrügge, Knoll, Wagenschein. Was trat nicht alles zutage: ein Riesengefälle zwischen einzelnen Schulen, Antiquiertheit des Stoffes und der Methoden, physische und psychische Überforderungen, Unterschätzung der geistigen Kapazität der Schüler, didaktische Mängel der Lehrer. Obwohl wir, gemessen an den USA und der Sowjetunion, im Bildungswettlauf zurückliegen, mißachten wir die Schulsysteme dieser und anderer Länder, übersehen glatt unverkennbare Schwerpunkte, die sich andernorts bewährt haben.

Fünf „Faktoren" bestimmen das Gesicht einer Schule: die Lehrer und gesellschaftliche Normen, die Schüler, der Stoff, die didaktischen Prozesse, mit und ohne apersonale Mittler, die Rücksichtnahme auf die Umstände des Ortes und der Zeit. An den meisten höheren Schulen aber zählt der Stoff und sonst fast gar nichts. Das Angebot ist trotzdem in qualitativer Hinsicht längst nicht maximal. Selbst wo andere Methoden dringend angebracht wären, folgt man lieber weiterhin dem Leitbild des Dozenten. Die Schüler sind zu früh „Hörer". Sie scheinen im Vorbereitungsdienst auf die Studienratslaufbahn zu stehen.

In der Wirtschaft gibt es für alle Beteiligten nur ein Ziel: den gemeinsam geschafften Start als Voraussetzung für den Erfolg des Ganzen. Allein aus Ersparnisgründen ist also geboten, zusammenzuarbeiten, methodisch richtig vorzugehen und das Ziel zu erreichen. Wir bringen demgegenüber in der höheren Schule schon die Zehnjährigen dahin, daß sie als Einzelgänger – trotz der erprobten Möglichkeit des Gruppenunterrichts – sich Stoffe eintrichtern, durch die sie angeblich formal, sprich funktional, gebildet werden. Mag es in gewohnter Selbstüberschätzung noch angehen, daß nicht von den Erfordernissen unserer Gegenwart ausgegangen wird, weil das zu pragmatisch wäre, so kommt es einer Katastrophe gleich, daß sich

Lehrer zuerst als Wissenschaftler verstehen und dann erst als Pädagogen, die sich bestenfalls kindertümelnd zu ihren Schülern herablassen. Wohlwollen scheint der Übermittlung der Auslese nicht adäquat zu sein, lieber wird mit Hilfe der Parole „Vogel friß oder stirb!" allen so lange Angst eingejagt, bis die Pubertierenden endlich schlau geworden, sich opportunistisch anpassen und die Eltern nichts sagen, damit die Kinder nicht „Rache" zu spüren bekommen. Man tut aber immer so, als ob alles objektiv zuginge. Die Psychoanalyse der höheren Schule ist leider noch nicht geschrieben. Sie brächte nicht nur einfache Repressionen zutage, sondern auch viele Aggressionen.

Gewiß, die folgenden Beispiele, die innerhalb einer Woche in einer 2. Mädchenklasse anfielen, mögen vom Lehrplan nicht verbindlich nahegelegt worden sein, die Eltern und die Betroffenen erkennen sie wieder.

Über lebendige Mathematik gäbe es keine spannenden Sachbücher, wäre der Schulunterricht nicht so langweilig. Auch das Fahrrad rettet die folgende 4. Aufgabe der 4. Schulaufgabe nicht davor, ein Test zu sein:

Das Rad eines Fahrrades hat einen Durchmesser von $^{7}/_{10}$ m. Wieviel volle Umdrehungen macht es auf einer Straße von $24^{3}/_{5}$ m?

Zwischenbemerkung: Bitte jezt keine Schadenfreude bei den Rechenmeistern der Volksschule. Ein schon klassisches Beispiel aus der 4. Klasse dort: „Bei einer Jagd werden Enten und Kaninchen erlegt, von jeder Art gleich viele. Wie viele Enten und wie viele Kaninchen sind es, wenn *man* insgesamt 132 Füße zählt?" Wer ist man?

Die 4. Schulaufgabe in Latein bringt wiederum einen Stoff, der einen völlig falschen Eindruck vom alten Rom nebenbei lehrt, aber jedes Flagellantenherz höher schlagen lassen kann:

Die römischen Sklaven lebten elend, elender als die Tiere. Denn sie wurden sehr rauh behandelt, und ihnen wurden die beschwerlichsten Aufgaben aufgetragen. Die Herren hatten gegen sie das Recht über das (Gen.) Leben. Die städtischen Sklaven mußten leichtere Arbeit erfüllen als die ländlichen. Aber auch jene wurden sehr hart bestraft, wenn sie faul gewesen waren: sie wurden mit Fesseln und Schlägen gequält und wurden zu den wilden Tieren geschickt. Die ländlichen Sklaven aber (!) lebten schlechter. Denn im Mund aller war jenes Wort Catos: Wenn Sklaven nicht geschlagen werden, arbeiten sie nicht. Daher wurden sie sehr schlecht behandelt, und die, die älter oder sehr krank waren, wurden grausam aus den Landhäusern vertrieben. Daher das Wort: Wie viele Sklaven, so viele Feinde.

Trösten wir uns mit den deutschen Sagen. In einer Hausaufgabe, in der das Zusammenfassen eines Textes geübt wurde, sieht ein Stück des Nibelungenliedes in der Niederschrift der rekapitulierenden Schülerin schließlich wie folgt aus:

Kriemhild läßt die Knechte der Burgunden niedermachen. Hagen erschlägt dafür Kriemhildens unschuldiges Kind Ortlieb, viele Hunnen werden getötet. In Todesangst ruft Kriemhild den Gotenkönig Dietrich um Hilfe an. Etzel, Kriemhild, Rüdiger, Dietrich und seine Mannen können zwar den Saal verlassen, aber nachdem die Burgunden alle Hunnen niedergemetzelt haben, verhöhnt Hagen siegestrunken den greisen Gemahl Etzel und seine Frau Kriemhild. Obwohl diese ihren Brüdern das Leben verspricht, wenn sie Hagen verraten, sterben sie doch lieber mit ihm. Kriemhild läßt den Saal anzünden. Dietrich bringt Hagen und Gunther gefangen zu Kriemhild. Sie wahren das Geheimnis des Hortes. Gunther wird enthauptet. Hagen aber (!) gibt den Hort trotzdem nicht preis. Da bringt ihn mit Balmung, dem Schwert Siegfrieds, Kriemhild selbst um. Etzel, Dietrich und Hildebrand empören sich. Hildebrand erschlägt Kriemhild, die neben den toten Hagen hinsinkt. Der Hunne und die zwei zuletzt genannten Goten bleiben übrig.

Darauf gibt es täglich Noten, neun Jahre lang – für die Kinder, nicht für die Studienräte, Oberstudienräte, Studienprofessoren, Studiendirektoren, Oberstudiendirektoren. Die Erinnerung der Kinder gilt immer nur guten Lehrern und schlechten Paukern.

Tagesheimschule

Die Addierung dreier Hauptwörter, nämlich Tag + Heim + Schule, zeigt eine verlegene Abstraktion, ähnlich der Ganztagsschule; aber das inzwischen allseits bekannte pädagogische Unternehmen hat sich bewährt. Es gibt vielleicht sogar schon wieder Anlaß, aus Eifersucht eher unterschätzt zu werden. Die schlichte Tatsache, daß z.B. Lehrer und Schüler gezwungen sind, vom Morgen bis zum Abend miteinander gut auszukommen, schärft den Blick der Beteiligten füreinander. Man könnte eine Redewendung umdrehen: in den Augen – in den Sinn. Die Verbandsschule mit ihrem notwendig strengen Sachbezug, wird sie die Vornamen der Schüler kennen? Wenn sich aber in einer großen Schulfamilie alle persönlich anreden, dann lassen sich nicht länger aufrechterhalten: angemaßte Autorität, Pathos, „Idealität“, Vorspiegelungen von „Sachkompetenz“.

Was zunächst aus der Erwerbstätigkeit der Mütter, aus der Destruktion von Familien geboren wurde, der Not gehorchend, erweist sich zunehmend als geheimes Leitbild, als stille Sehnsucht anderer Schultypen. Menschliche Schwächen, verständliche Wünsche, Zwanglosigkeit im Arbeitsstil und Interessenfreiheit treten wie selten zuvor offen ins Licht und demokratisieren zugleich. Das weiblich-mütterliche Element macht sich breit, mit ihm ziehen Wärme, Frohsinn und Lebenskunst ins Schulhaus ein und dämpfen den Leistungsdruck.

Konkrete Einzelheiten aus einer Tagesheimschule: In ihr kann es den schwarzen Esel Carlo geben, ein selbstloses Geschenk des Oberbürgermeisters, der sich sonst gefallen lassen muß, einfach als „rot“ verschachtelt zu werden. Vielleicht hat Carlo ein dunkeltopasfarbenes Fell deshalb? Aber ein guter Stadt-Halter denkt letztlich nicht nur an die Couleur, sondern auch an den Spaß der Wähler von übermorgen. Carlo ist längst kugelrund. Als er einmal an den Augen operiert werden mußte, schnaubten mit ihm siebzig Kinder, heftiger als das Tier selbst: Bange machen galt. Über Esel kann den Kindern kein Verhaltensforscher mehr viel Neues sagen. Esel real, und nicht als Schimpfwort, und Lerneifer passen zusammen.

In der Nordostecke des 8000-Quadratmeter-Areals mitten in der Stadt liegt ein schülereigener Teich mit romantischen Seerosen und ein paar Fröschen, von denen niemand weiß, wie sie in dieses Wasser mitten in der Stadt gefunden haben. Neben diesem Idyll, für heimliche Blicke der ersten Liebe hinter dem Schilf, wachsen in Reih und Glied nüchtern Rüben im Kiestorf. Ist diese Verbindung kein ästhetischer Fauxpas? Wahrscheinlich! Aber das Winterfutter für Carlo geht vor. Über Rübenanbau kann ein Landwirt den Kindern nicht mehr viel weismachen. Der Schulgarten ist zweckmäßig angelegt, nicht „lehrreich".

Neben dem 90-Phon-Musikkeller liegt das Fotolabor. Die Dauergäste im Haus haben sich längst gegenseitig fotografiert. Allmählich sind sie mit Souvenirs eingedeckt. Also fotografieren die Fotografen mal die Luftschutzsirene im Gegenlicht und in Abhebung von den Bäumen des Geländes. Sie entwickeln die Aufnahmen selbst, fixieren sie selbst, vergrößern sie selbst, bringen sie aber nicht, weil's nicht sein muß, in der hauseigenen Schülerzeitschrift. Was Medienkunde ist, wissen die Kinder nicht, aber sie praktizieren sie, einfach so, z.B. auch als Sprecher der Durchsageanlage.

Es ist ein hohes Amt, „Rundfunkansager" zu sein. Jeder Sprecher, jede Sprecherin haben sich bisher das bayerische „ai" – fast – abzugewöhnen verstanden, weil ihre Stimme ja in allen Zimmern gleichzeitig und sprachlich richtig zu hören sein sollte.

Im Keller vor dem Fotolabor stapeln sich in häßlichen Regalen Aberdutzende von Hausschuhen. Nach dem Spaziergang kleben Kiesel und Sand an den Straßenschuhen. Das muß nicht im Haus verteilt werden, daher die Hausschuhe. Blitzsauber soll vor allem die Lehrwohnung sein, die des Bundesbürgers „Schöner-wohnen"-Stil repräsentiert. Immer vier Kinder zusammen teilen sich das erste „Appartement" ihres Lebens, wenn's auch nur die Tagesheimwohnung ist. Das eigentliche Hauptwort ist: Wohnung! In welcher Schule sonst wird probeweise gewohnt?

Nochmal zurück zu den Hausschuhen! Die meisten sind abgetretene Latschen, die süßlichen Mief verbreiten. Kaputte Sandalen finden sich neben fast neuen Cordsamtnovitäten. Wer sie erst unlängst zum Geburtstag bekam, fühlt sich deswegen nicht als privilegiert. Er weiß den Besitz des anderen immer zu respektieren, so wie gleichermaßen die 25 Quadratzentimeter Raum für die eigenen Schuhe immer freigehalten sind. (In anderen Schulen herrscht hier noch Chaos. Seine Beseitigung setzt spezielle Erfahrungen voraus.)

Wenn einer oder eine sich, wie ein kranker Elefant in den Busch, in die kleine Bibliothek zurückziehen, absondern will, um dort wirklich ganz allein zu sein, dann wird er oder sie dabei nicht gestört, weil man weiß, daß mancher von Zeit zu Zeit eine Isolierstation braucht, um auch einmal für sich sein zu können.

Zwei Seiten reichen nur für wenige Beispiele, wie etwa auch, daß die Lehrer grundsätzlich zusammen mit den Kindern essen. Mag die Kost für alle auch noch so eintönig sein, sie ist die Grundlage eines gemeinsamen Mahles – selbst, wenn es auch vorläufig im Klaßzimmer eingenommen werden muß. Natürlich kann es den Appetit beeinträchtigen, wenn man auf der Bank, auf der man jetzt seinen Fisch ißt, noch vor einer halben Stunde einen Fünfer schrieb, aber man teilt in der Speise mit dem Lehrer einen Teil seiner Intimsphäre, denn das Ritual der Mahlzeit verbindet. Die Beteiligten entdecken sich gegenseitig im elementaren Bedürfnis.

Und der Unterricht? Die Lehrer wissen wohl, daß unter den geschilderten Umständen die Strenge des Sachanspruchs leiden könnte. Darum hat man vielfarbige Übersichtstafeln, auf denen die Fächer und Stunden, fast überkompensatorisch genau „gesichert“ sind. Die Kinder lernen aber durch die Präsenz des guten Lernklimas mehr als die Schüler anderer Schulen; von der „Lebenspraxis“, so nebenbei, ganz abgesehen.

Was sich hier, wie kaum sonst in einer Schule, behaupten kann, ist der einzelne, allerdings mit dem Risiko, daß Unterkühlung sie hier schmerzlicher träfe, wenn das Zusammenleben nicht klappt. Wenn sich starke Gruppenführer aufspielen, was wäre dann? Aber wir sind nicht im Internat von gestern: kein Grund, an Törleß zu denken!

Schulhausbau und Kunst

Die alten Schulhäuser, in denen der 53jährige „Junglehrer" Pestalozzi seine methodischen Neuerungen erprobte, dienten auch anderen Zwecken. Das „Wohnstubenglück" herrschte nur dem Geiste nach. Die Schule war kein angenehmer Aufenthalt, wie das schon J. A. Comenius wünschte. Heute haben wir längst Beispiele fortschrittlicher Schulbauten, die feinsten Hochglanzpapiers würdig sind. Auf ihm geben Starfotos und perfekte Grundrisse Zeugnis von Funktionsgerechtigkeit und baulicher Anpassung an den neuesten Stand methodischer Reformen.

Sieht man sich aber manche der pädagogischen Vorstellungen von Architekten praktisch an, so sieht die Sache gleich weniger repräsentativ aus. Ein grundsätzliches Übel ist immer noch nicht abgestellt, nämlich daß erfahrene Lehrer zuwenig gefragt werden. Lehrer dürfen zwar den Raumbedarf anmelden, Sonderwünsche äußern, aber die Oberhand behalten in jedem Fall Architekt und Gemeinde. (So bestimmt auch nicht der Künstler die Kunst im Schulhaus, wie wir gleich sehen werden, sondern der, der die Hand auf dem Geldsack hat.) Wir müßten 60 Milliarden verbauen, um auf einen befriedigenden Stand der baulichen Voraussetzungen zu kommen. (5% der Summe entfielen dann dabei auf Kunst am Bau: drei Milliarden!)

Der Architekt darf augenscheinlich uneingeschränkt von seiner Fachkompetenz Gebrauch machen. Ist man bei ihm sicher, daß er ideologische Vorstellungen selbstverständlich weniger verwirklicht als der Lehrer? Wie war das doch? Licht von links! Einseitig, ohne Rücksicht auf die Augen, für den Frontal-Schreib- und Leseunterricht in Reih und Glied. Dem Lehrer, da vorne auf dem Hochsitz, das Licht von rechts, die Türe zur Linken. Die Verteilung des Lichteinfalls wird opportun in offenen Glasfronten geregelt, die die Schulklausur sprengen, die freilich auch, bei fehlenden Winkelberechnungen, der Sonneneinstrahlung und in Unkenntnis der kindlichen Psyche der ausschweifenden Neugier keine Schranken auferlegen. Immerhin geht's trotzdem vorwärts: zur Team-Teaching-School, in der sich die Neigungs- und Leistungsgruppen in sechseckigen Räumen um ein pädagogisches Zentrum, den Kern auch der Eltern-Bildung, scharen. In diesem Zentrum können Lehrer interdisziplinär koordinieren. Von dort schwärmen die Schüler auf Freiluftplätze, in die Klassenwohnung oder in die fünfeckigen Film- und Fernsehräume aus. Alles im Baukastensystem, das Gegebenheiten durch räumliche Variationen gerecht wird.

Während schon überflüssigerweise Rauchzimmer neben dem Lehrschwimmbad, unter dem Teeraum für die Lehrer und der Caféteria (ohne Kaffee) für die Schüler geplant wurden, schlagen sich die Kinder vorläufig noch an den Glastüren die „Fang-a-Mandl-Beulen“, splittert Lampenglas von der Turnhallendecke, wenn der Ball nur das Schutzgitter trifft. Glashäuser aber für den ohnehin unmodernen Schulgarten finden sich nicht. – Schweigen wir lieber über die weiteren Bausünden, über die je neu versiegelten Parkettböden oder elektrostatisch aufgeladenen Teppichböden, über die Raumeinrichtung für Erwachsene (z. B. mit den falsch sitzenden Türklinken), über die Farblosigkeit der Malereien. Zur Kompensation gibt's Kunst am Bau.

Die Comprehensive School, die 2000 und mehr Schüler versammelt, auf gut deutsch: der Verband von Schulen an einem zentralen Ort, würde mit dem 5%-Satz (der Bausumme) für Kunst am Bau geradezu einen neuen Beitrag zur Kunstpflege ermöglichen. Statt dessen wird die Summe nicht selten ganz einfach verbaut. Selbst bei den derzeit leerstehenden Zwergschulen, geziert mit irgendeinem belanglosen Brünnlein eines einheimischen Steinmetz-Künstlers oder einer Mosaikarbeit der nächsten Gehörlosen-Schule, könnte sich das Kunstproblem neu stellen, dann nämlich, wenn eine solche „pensionierte Schule“ wieder – als Vorschule – neu in den Dienst gestellt werden sollte. (Das Brünnlein müßte dann allerdings zumindest tiefer gesetzt werden.) „Kunst am Bau“ – künftig wie?

In jedem Fall sollten die Künstler – wenn schon „Alibifunktionäre“ – nicht mehr länger bevormundet werden. Immer noch entscheiden nämlich Gemeinderäte als Kunstwarte darüber, ob eine Steinsäule für den Hof mit den Lieblingstieren des Waldes gemeißelt werden sollte oder ob Handwerker in einem Fresko ihre naturalistischen Vorstellungen nacharbeiten sollten: Pop-art, besser nicht! So werden 30 000 DM-Aufträge für Bergarbeiter mit Grubenlampen an biedere Meister der dritten Künstlergarnitur erteilt, die selbst im Einzugsbereich der Schule als Vertreter vorgestriger Kunstvorstellungen gelten. Die Devise lautet dann: keine Experimente, mit denen man sich beim gemeinen Volk blamieren könnte; nichts, was Spaß macht, aber alles, was denkmalhafte Würde zeigt. Die Kinder brauchen nicht mitzuentscheiden, die sollen sich das Kunstwerk ja nur täglich anschauen. Ihnen müssen Bär, Adler, Gänseliesel, 7 Geißlein, 3 Kraniche oder 5 Glück-auf-Männer einfach immer neu gefallen.

Die politische Entscheidungsmacht etwa des Gemeinderats sollte nicht beliebig auf Kunstdinge übertragen werden. Wer zu Hause fünf Postkarten mit gängigen (feiertägigen) Kunstmotiven irgendwo in einer Schublade liegen hat und zuletzt 1943 im „Haus der Deutschen Kunst" war, wer den Expressionismus für schnelle Malerei hält und vor den „Mutterhänden" Dürers Haltung annimmt, sollte wenigstens nicht über Kunst am Schulhausbau (und die nötigen Steuergelder) befinden. Kinder sind da oft kompetenter; sie brauchen zumindest nicht an die nächste Wahl zu denken, und ihnen ist es gleich, ob der Maler X ein Linker ist, säuft und zu lange Haare hat. Laßt im Zweifelsfall die Kinder selber ran! (Als Ratgeber des Malers X wenigstens.)

Noch eins: Je mehr die Schule als kultureller Mittelpunkt mit technischer AV-Apparatur ausgestattet wird, durch die man geradezu mit Bildern um sich schmeißen kann, desto wichtiger ist es, Spielzeug für die Hände (Rollen, Schnarrzäune, Lehmgruben) – und eben originale Zeitkunst als einen Maßstab anzubieten.

Lehren der Jugendzeit

So „hold“ wie Lieder die Jugendzeit rühmend empfinden, erlebt sie bestimmt kein Pubertierender. Sie hat ihre Höhen und Tiefen wie der ganze Lebenslauf, jedoch extremer aufgenommen und bewältigt. Der junge Mensch ist frischer und aufnahmebereiter als der ältere. Der kann der Erfahrenere sein, falls er aus den intensiven Erlebnissen der Pubertätszeit zu lernen bereit war. Die folgenden drei Geschichten steuern auf keine Moral zu. Ihre Richtigkeit hat wohl jeder, zumindest „irgendwie“, also unbewußt, in ihrer Bedeutung geahnt, erkannt oder verkannt.

In einer Straßen- und Flußbaumeisterei am Lech, in einem Weiler mit Petroleumlicht, waren Ferienabende langweilig. So ließ sich der Onkel für die Kinder etwas einfallen: das Gewitterspiel. Die Kinder kamen dazu in die Küche auf das Sofa und versanken im geklebten Lederbezug über ausgeleierten Federn. Die Lampe wurde ausgeblasen. Das Petroleum roch erst jetzt, in der völligen Dunkelheit, penetrant. Der Wettermacher zündete gemächlich einen Kerzenstummel an, der in der Tischschublade seit einem der letzten „Gewitter“ im eigenen Wachs haftete. Dieses Nachtlicht diente zur Illusion der Blitze – durch schnelles Auf- und Zuschieben der Schublade; etwas verlangsamt konnte es auch „Wetterleuchten“ sein. Dazu „donnerte“ es immer lauter – mit Hilfe leerer Kübel, die mit dem Fuß getreten wurden. Das klang unnatürlich, sei's drum. Jetzt mußte gleich der „Regen“ kommen. Irgendwann hatte der Onkel unbemerkt den Mund voll Most genommen und versprühte diesen plötzlich über die ganze Gruppe. Schauderhafter Wolkenbruch. Einer kam dabei meistens besonders in den Guß. Ihn hatte geradezu das Schicksal in finsterer Nacht ereilt. Triefend nahm er es hin. Ganz trocken blieb ohnehin niemand. Wie es ausgehen würde, wußte vorher keiner, und das war spannend. – Noch für Elfjährige war solch ein Spiel eine herrlich aufregende Sache. Das Gekreische gab einen Vorgeschmack auf Fahrten mit der Geisterbahn nach den Ferien.

Dominikus Pfaffenzeller, der Straßenwärter, ging spät abends noch mit seinen zwölf- und dreizehnjährigen Buben und ihren gleichaltrigen „Spezeln“ vom Nachbarhaus zum Fischen an den Lech. Der war damals noch ein reißender Gebirgsfluß, trotzdem bildeten sich in der Strömung eigentümlich langsam kreisende Riesenwirbel: Standort von Fischen. Wenn der Domini sein Netz unter den gekreuzten Haselnußruten, den Taucher, da hineintauchte, rauchte seine Pfeife wie ein Kamin, vor innerer Erregung, während doch der Rauch die sirrenden Schnacken vertreiben sollte.

Nicht jedesmal quirlten beim Anheben des Netzes fünf, sechs halbpfündige Weißfische oder Rotaugen über dem Geflecht. Oft aber glänzten sie schon im trüben Mondlicht, kaum daß sie über dem Wasserspiegel zappelten. Zuletzt war der Eimer voll und schwarz von Fischen.

Um 11 Uhr abends noch drehte dann Frau Pfaffenzeller Fische durch den Fleischwolf: Grandiose Ignoranz gegenüber den vielen Gräten, die sie hatten. Der Vorbereitungsort für das folgende Nachtessen war der schmale Gang zwischen den zwei einzigen Zimmern des Straßenwärterhauses, wo der Herd stand. Die verschachtelten Nebengebäude machten das Armenhäusl dennoch zu einem „Anwesen“. Die Enten im Tümpel hinter dem Haus lebten fast nur von den Fischabfällen wie der Hund an der Laufkette von Fischwürsten. Für uns Jungen gab es nichts Schmackhafteres als diese ganz frisch in der Pfanne gebrutzelten Fischwollwürste. Vor allen Edelfreßwellen der Wohlstandsgesellschaft schenkten sie uns eine Eßlust, die durch den nächtlichen Zauber gesteigert schien und zugleich ungemein beruhigte.

München: Auf der Auer Herbst-Dult (einer Art besserer Flohmarkt): Hunger nach verramschten Büchern. Der Dreizehnjährige steht in einem Konflikt. Soll er 60 Pfennige opfern für einen dicken, roten Band mit tollen, fesselnden Bildern: Markt in Agadir, Berber in der Wüste auf reichgeschmückten Kamelen, die Schwerter schwingen ...? Oder soll er das Geld fürs Kino sparen? In diesem Augenblick der Unentschiedenheit tritt ein gepflegter Herr von der Seite heran: „Gefallen dir die Bilder meines Vaters?“ Welch eine Frage eines leibhaftigen Malers, wie sich später herausstellte. „Dann komm zu uns, mit einer leeren Tasche!“ Das läßt sich kein Bub zweimal sagen. Am Mittwoch: Gudrunstraße 3.

Man stelle sich die Augen vor: viele, viele Bücher liegen auf dem Tisch des Ateliers. Tatsächlich platzen bald fast zwei Taschen aus den Nähten. Aus lauter Dankbarkeit will der Junge nach dem Tee nicht mehr heimgehen. Mit so vielen Büchern kann man nicht einfach aufstehen und gehen. Die üblichen Tricks der Hausfrau, einen lästig fallenden Gast loszuwerden – „Claus, du mußt zum Zahnarzt!" – verfangen nicht. Was tun? Durch eine Atelier- und Galeriebesichtigung gelingt es C. B. schließlich, den Besucher so zu führen, daß er unvermittelt und unausweichlich vor dem Innengriff der Wohnungstüre steht.

Warum nicht das einfache Erlebnis bedenken? Hat nicht jeder Leser vergleichbare Geschichten, die für unsere Lernprozesse bedeutungsvoll waren?

Sitzen bleiben verboten

An den Anfangshaltestellen der Straßenbahn oder des Omnibusses finden die Fahrgäste meist leicht einen Platz oder können ihn gar auswählen. Kinder rutschen sogar noch auf den Platz neben der Mutter. Drei bis vier Stationen weiter aber müssen Neunjährige, Dreizehnjährige, die gerade von der Schule kommen, den Platzansprüchen der Erwachsenen weichen und stehen. Zeitungen melden gelegentlich Fälle von Faustrechtexekutionen gegen leichtfertig sitzen gebliebene Kinder in der Straßenbahn. Die Regel ist zudem, daß die großen die kleinen Steher derart einpferchen und einzwängen, daß diese nur mehr „Rücken" vor den Augen haben.

Eine Dreizehnjährige, die inzwischen auch von ihrem Sitz weggedrängt ist, kann sich vielleicht recht elend fühlen, keineswegs so kerngesund wie manch' rüstige Witwe. Die Turnnote könnte den Leistungsabfall sogar beweisen. Aber sie darf einfach nicht schwach werden und womöglich selbst sitzen bleiben wollen, sowenig wie ihre Mitschülerinnen und der Zweitkläßler, der schon vorher unentrinnbar „zur Mitte" durchgeschoben wurde. Der Respekt vor den Ausgewachsenen, den offenbar aus Tradition und Erfahrung als überlegen gekennzeichneten „Erwachsenen" gebietet anscheinend, daß die Jugend Platz macht. Ist diese erzwungene und postulierte „Höf-lichkeit" immer berechtigt, oder wird sie unbewußt nur aus dem tiefen Ressentiment gefordert, daß der Jugend sowieso die Zukunft gehört und man selbst soviel versäumt hat?

Gewiß ist einzusehen, daß eine Rentnerin sich in den öffentlichen Verkehrsmitteln nicht der Gefahr aussetzen darf zu stürzen, weil sie sich nicht mehr festhalten kann. Ihretwegen, wie auch für die werdenden Mütter, hat jedermann aufzustehen, auch die Kinder. Warum aber werden eigentlich zehnjährige Mädchen „hochgejagt", damit kräftige Mitvierziger sitzen können, wenn sie zum Sitzen in irgendein Büro fahren? Die 52jährige Frau, die sich statt zweier Schulanfänger breitmacht, demonstriert durch ihr „make up" und die neue Dauerwelle, daß sie als „fit" und adrett gelten will. Im

Fasching wäre sie schon noch recht unternehmungslustig bis zum Weißwurstmorgen. Die Feststellung allein, daß mancher 15jährige sture Rüpel es draufankommen läßt, wenn eine müde Putzfrau daherwankt, gestattet nicht die alte Regel weiterhin zu verallgemeinern: Für Kinder Sitzen-Bleiben verboten!

In Polikliniken wurde festgestellt, daß die letzten Schwerarbeiter unserer Tage die Kinder sind – und das, während sie ohnehin Entwicklungskrisen im wahrsten Sinn des Wortes „durchstehen" müssen. Bei aller Überforderung, besonders in den höheren Schulen, sollen sie artig und geduldig ihre zehn- bis fünfzehnpfündigen Lasten tragen, ohne schlappmachen zu dürfen. „Wer zuerst kommt, mahlt zuerst." Dieses Sprichwort auf Vorrechte Pochender gilt widersinnigerweise nicht für Kinder in Tram, Bus und Zug. Dort wird Alter als Verdienst ausgespielt: Alteingesessen ist in der Tram, wer als „alt" einsitzt. Solange nicht Jugendliche „halbstark" auftrumpfen, d. h. hinter „Autorität" via Altersausweis ein dickes Fragezeichen machen, wagt jeder sie und die Kinder aufzuscheuchen, wenn sie sitzen. Aggressionssteigerungen durch Pferchung müssen beim Menschen aber nicht schlimmer aussehen als auf einer Robbeninsel.

Kinderfreundlich

Im Kampf der Geschlechter war die Herrschaft des Mannes jahrtausendelang unbestritten. Nun scheint sie zu Ende zu gehen.

Im Kampf der Generationen denken wir immer zuerst an die Auseinandersetzungen zwischen Eltern und Jugendlichen. Hier mit einer bleibenden Befriedigung rechnen zu können erhofft niemand.

Solange das Kind durch hohe Kindersterblichkeit gefährdet war, war es gleichberechtigt mit den Erwachsenen. Durch seine Abhängigkeit war es ja auch nie ihr Feind. Solange es Kinderarbeit gab, war die Situation ähnlich, aber nun ist das Kind, und nach ihm noch mehr der Jugendliche, nach Ansicht des neurotisierten ES vieler Erwachsener in unserer Zeit der Stärkere.

Man darf also den Vortäuschungen von Kinderliebe nicht zu sehr trauen, zumal sie die Regel sind. Das „Jahrhundert des Kindes" der Ellen Key ist doch gründlich verhindert worden, aus Neid, aus Nervenschwäche, aus Todesfurcht und Arbeitswut der Alten, der Älteren, der Eltern, sicher auch durch das selbstbewußte, überkompensatorische Lautsein der Kinder, die andere Ängste haben: vor allem die vor anhaltender Entfremdung.

Im Verhältnis der Älteren zu den Kindern und umgekehrt, wie im Verhältnis der Geschlechter, ist das zentrale Problem das der Überwindung der Entfremdung. Zunächst aber verstellen schon im Vordergrund Selbsttäuschungen die Beziehung. Ehrliche Äußerungen haben Seltenheitswert. Sicher ist folgendes Zitat Salvador Dalis nicht nur paranoid-kritisch zu verstehen: „Die Neugeborenen und die kleinen Kinder mit ihrem zu kleinen Körper und dem riesigen Kopf finde ich gräßlich und angsteinflößend ... Sie ähneln gleichzeitig dem Embryo, der sie waren, und dem Greis, der sie werden, und alles, was Ursprung oder Ende beschwört, verursacht mir unerträgliches Elend! Man spürt in ihnen das Vorhandensein einer ganz und gar ungeheuerlichen, abweichenden Intelligenz." Dieser Satz gibt alten entwicklungspsychologischen Lehren recht, ebenso vermag er die Vorstellung von der Allgegenwärtigkeit des Kindchen-Schemas zu relativieren, das „Mütterlichkeit“ beim Menschen nicht einfach „auslöst“. „Kinderfreundlichkeit“ ist ebenfalls zunächst nur ein Schlagwort, das sich erst enthüllt, wenn wir die Fakten sehen, die es abdecken soll.

Reiseprospekte und Werbetexte für Spielzeug benützen gern den Ausdruck „kinderfreundlich“ als zugkräftiges Prädikat. Man will z.B. sagen, daß das Ferienhotel bereit ist, für die Kinder etwas Besonderes zu tun, d.h. sie zu dulden; ihnen Auslauf zu geben. Durch den Bewegungsraum der Kinder wächst zugleich der für die Eltern. Das nennt man kinderfreundlich. Immerhin dürften die Kinder sich dabei wohler als anderswo fühlen, wo sie in Schach gehalten werden.

Kinderfreundlich kommt von Kinderfreund. Gibt's den wirklich? Ist nicht gerade der Kinderfreund eher leicht suspekt? Entweder er tritt nur im übertragenen Sinn auf, etwa im Titel einer Zeitschrift, oder gar als Clown oder Tante in der Kindersendung und ist dann Überläufer, oder er ist gar ein „guter Onkel“, vor dem man dringend warnen muß. Aber selbst der arbeitet (zunächst) durch kleine Versuchungen und durch gut gemimtes, großes Verständnis an der Erhaltung der Realität eines Paradieses für die Kleinen auf der Erde.

Kinder sind aber, wie Korczak, der große polnische Waisenhausvater und Arzt, es wollte, einfach Menschen wie du und ich. Korczak vermochte Namen und Gesicht der einzelnen ganz jungen Menschen zu sehen, auch wenn diese noch nicht „ausgeprägt“ waren.

Wir schätzen die Welt des Kindes nicht richtig ein, vor allem nicht im Gefühl. Gäbe es eine eigene isolierte Kinderwelt, dann gäbe es auch eine angemessene Kinderfreundlichkeit. Gibt es aber den eigenen Kinderbezirk nicht, dann kann es nur Freundlichkeit geben, wie man sie eben hat oder auch nicht hat, zu Müller, Meier und Huber.

Was wollen die Kinder? Die Kinder wollen, daß wir sie für voll nehmen und freundlich zu ihnen sind, wir müssen deshalb nicht „kinderfreundlich“ sein. Wir sollen sie nehmen, wie sie sind, ernst nehmen, ohne den Stand der psychosomatischen Entwicklung überzubetonen. Diese Folgerung mag allgemeiner klingen, als sie es tatsächlich ist.

Nehmen wir Lernspiele der Vorschule. Sie sind zumeist „kinderfreundlich“. Man erleichtert nicht einfach das Lernen als solches, sondern lernt spielend. Man läßt dafür auch nicht wirklich ernst spielen, sondern denkt gleich an Nebeneffekte, weil das Kind angeblich spielend lernt. Lust bleibt aber Lust, und Leistung muß zwar keine Last sein, auch wenn sie leicht gemacht wird. Läßt man die Leistung dem Kind nicht, weil man sie durch spielerische Überforderung verfälscht und abwertet, dann hat man das Kind dort, wo man es haben will, im ganz anderen, ausgeklammerten Lager, der – ohnehin nur vorläufig – Zu-kurz-Gekommenen. Weder zum Lernen noch zum Spielen ganz fähig, aber zum Lernspielen. Kinderfreundlichkeit macht's möglich: die Beziehung anders zu sehen erforderte Freundschaft, Freundlichkeit zu bestimmten Menschen. Die zufällige Größe von 1,12 m oder die extravertierte Aufgeschlossenheit der Neunjährigen kann nicht wirklich so viel Abstand schaffen – es sei denn, es kommt einem dies gelegen –, daß man gleich „kinderfreundlich" sein muß.

Zahlkartensamariter

Ganzjährig bieten uns Geschenkartikelhersteller teures, letztlich unnützes Zeug an. Im Durchblättern eines umfangreichen Kataloges mit kostspieligen Farbklischees auf Hochglanzpapier werden Wünsche geweckt. Jeder weiß: erfolgreich! Nicht wenige setzen dem Erdbeerperlwein den Sektflaschenverschluß aus „vergoldetem Stahl“ zu DM 28.– auf. Dem sehr geehrten Kunden werden aber auch Brillantarmbänder mit ca. 12 Karat zum Spottpreis von nur DM 17900.– angeboten, einschl. Mehrwertsteuer.

Ist es unter solchen wirtschaftlichen Bedingungen nicht mehr als recht und billig, daß die Habenichtse, z. B. der Jugendfürsorge, sich mit Bittgesuchen unter die Geschäftskorrespondenz mischen? So treffen denn Zahlkarten hinter rotaprintgedruckten Beschwörungen von Spenden ein. Eingezahlt werden soll an die Organisation der Pfarrhelferinnen „in der Ostzone“, das Taubblindenwerk, für Adveniat, die Ostermarschierer in der Kampagne für Abrüstung. Zwischen den erschütternden Bildern der Pfennigparade e. V., dem Rundschreiben der Wohnraumbeschaffung für Tuberkulosekranke des Landes und der Darstellung der Lage der Priester in Südamerika taucht die deutsche Sporthilfe auf. Brich dein Brot mit den Hungernden, meint die Steyler Mission. Das sei sogar schon möglich, wenn man nur Briefmarken einschickt. Arbeiterwohlfahrt und Kinderdörfer erbitten eine milde Gabe für alt und/oder jung. Mädchenschutzvereine holen dank ihrer Markbeträge Schwergefährdete von der Schattenseite des Lebens zurück. Für Berliner Kinder gibt es mehr Auslauf durch eine Art Sommerhilfswerk. Einen Aufruf hierfür hat der Bundespräsident persönlich unterschrieben. Ziel: 50000 Familien bringen ihre Kinder ins Grüne. Anspruchslos mutet da geradezu das Begehren der Bruderschaft Salem an, die ganz einfach Sportgeräte anschaffen will, während das Ansinnen einer Akademie, den Ausbau ihres Schlößchens finanzieren zu helfen, ganz anderer Art ist. Von den Freunden wird eine „großzügige Spende“ erwartet.

Ist man nun „kleinherzig“, wenn man nur DM 5.– schickt? Lieber gleich schon gar nichts! Oder anonym? Ausbund der Scheinheiligkeit vor sich selbst. Wie steht's mit dem Dank der Bettler? Das sind sie doch wohl? Ist man schließlich mit einem Taler am Schalter gewesen, kommt man sich „edel, hilfreich und gut" vor. Ein feiner Effekt, den wohl nur wenige nicht erleben, weil sie ihn gleich verdrängen. Im übrigen läßt sich die Spende von der Steuer absetzen.

Über den Verbleib der Summe hört man im allgemeinen nichts mehr. Die nach Monaten erneut eintreffende Bettelzahlkarte ist vielleicht begleitet von ein paar abstrakten Zahlen über getätigte Ausgaben im Dienste der Armen und Ärmsten unter den Armen. Oder es liegen Streifen von Siegelmarken für die eigenen Briefe bei oder drei Ansichtskarten von gotischen Domen. (Schnürsenkel zu versenden verschlänge zuviel Porto, erinnerte an die Krüppel vor den Kaufhäusern und böte auch keine Werbeflächen für die eigenen Vorsätze oder die Annonce „Mit dem Mund gemalt".)

Trotz des Schildes „Hausieren und Betteln verboten" kommen Sendboten christlicher und sozialer Wohlfahrtsverbände mit ihren Unterschriftenlisten persönlich an die Haustüre, das Rote Kreuz holt abgelegte Kleider ab. Zusätzlich dazu scheppern Kinder auf der Straße mit ihren Sammelbüchsen und rücken ab 20 Pfennigen eine Plastikansteckgiraffe in Grün, Gelb oder Rot heraus: „Danke schön!"

Die Aufzählung sei abgebrochen, das nächste Kapitel müßte lauten: Wir betteln nicht, wir lassen euch im Spiel verlieren. Statt eines Teddybären 4 Nieten à 30 Pfennige. Ist das Ganze überhaupt, wegen der paar Mark, wert, erörtert zu werden?

Es geht zum wenigsten ums Geld. „Wer bettelt, hat's nötig, weil er nicht erfolgreich ist. Versager, die angeben, weil sie anders nichts erreichen", solche Aussprüche brüsk-ehrlicher Kommentatoren mögen als bodenlos ungerecht erscheinen; dahinter steckt die Auffassung, daß dem, der sich selbst hilft, Gott hilft, daß das, was wichtig ist, heute schon subventioniert wird. Warum nicht gleich staatlicherseits die Kriegsgräber pflegen, wenn die erbettelten Summen sowieso nie ganz ausreichen? Warum die Pfarrhelferinnen nicht von der Kirchensteuer bezahlen?

Beschämend nichtswürdig ist und bleibt, daß für gelähmte Kinder Gefälligkeit oder Ungefälligkeit von begüterten Leuten in Anspruch genommen wird, die über Adressenlisten mehr oder minder mechanisch angegangen werden, wodurch sich ein allseitiges Alibi ergibt: für den Staat, für die Organisationen, die schließlich getan haben, was sie konnten, für die Spender selbst, die aus der direkten Hilfe ausscheren können. Es ist ja viel bequemer, sich „einen Grünen von der Seele zu reißen", als ihn einem Rentner so zukommen zu lassen, daß dessen Ehrgefühl nicht verletzt wird. Takt zu bewahren und zu schweigen, wenn eine direkte Hilfeleistung gelang, ist sicher schwerer, als einen Zahlkartenabschnitt zu den Unterlagen zu nehmen. (Wenn schon einen, dann eher für den existentiell so irrelevanten Sport.) Selbst wenn sich mit der Scherflein-Ideologie noch Millionen zusammenfechten lassen, scheint hier eine Reform nötig. Lieber mehr gezielte Soziallasten als „Opfer", die längst keine mehr sind.

Krankenhaus und Pädagogik

Auch ein Thema, um das sich die Pädagogik zu wenig kümmert; dabei haben Ärzte und Pädagogen immerhin gemeinsam, daß manchmal Resultate Undank der Weltenlohn für beide ist. Die einen können sich über Gebührenordnungen schadlos halten, nicht zuletzt auch durch den Nimbus der diffizilen Wissenschaft. Bei uns Pädagogen reden alle gleich wissend mit. Sei's drum.

Aber es gibt Überschneidungen. Denken wir nicht – naheliegend – an Schularzt, Schulhygiene, obwohl das anscheinend Entwicklungsland bleibt. Curriculum und Ermüdungserscheinungen: Wo gibt es da schon im geringsten eine Koordination? Oder bei Klassenzimmer und Krankenzimmer?

Reden wir zunächst von der Krankenstation als solcher und ihrem Personal vor und nach der Visite. Zunächst fremde, weiße Kittel, vier, fünf Tage später nette, bestimmte Tag-, Nachtschwestern, Krankenpfleger, jugoslawische Raumpflegerinnen und Krankengymnastinnen: immer deutlicher Gesichter und Namen. Freilich 14 Tage, 3 Wochen später, nach der Entlassung, wieder hinabsinkend „ins Reich des Vergessens“. So formuliert, soll gleich ein erster Punkt „anklingen“: die falsche Romantik.

Den krassen kommunalpolitischen Pressefotos von den Patienten auf dem Krankenhausgang steht unterschwellig eine Poesie der Genesenden gegenüber. Ihr einfachster Vers lautet: „Hauptsache, man ist gesund! Daherin lernt man, das einzusehen!“ Man hört tatsächlich die Vöglein wieder singen, sieht den Mond scheinen und „fliegt“ der schnell entschwindenden Boeing nach Milano nach. Eine vorzügliche Organisation tut bei uns gewöhnlich ein übriges – durchaus heilsam –, solche Gedanken aufkommen zu lassen. (Die Deutschen liegen ohnehin im europäischen Durchschnitt angeblich 2 bis 3 Tage länger auf den fahr- und kurbelbaren Matratzen zwischen den Chromsilberbügeln.) Die falsche Romantik aber macht schläfrig gegenüber behebbaren Mängeln. Da ist zunächst ein auffälliger Mangel in der Ausbildung.

Eine „Psychologie“ des Krankenhauses, neben seiner Philosophie und Poesie, gibt es, wenn Schwestern Prävalenztypen unterscheiden: von Braven, ewigen Klinglern, Telefonsüchtigen bis zu pseudomedizinischen „Klugschietern“. Sie reden allen gleich gut zu und versuchen, auf die Eigenart einzugehen wie Psychagogen, wie Pädagogen, durchaus erfolgreich, wenn auch im „Laienstand“. Mehr als genug, bei keiner pädagogischen Vorbildung: Neben fehlenden medizinischen Fortbildungstagen unterm Jahr, geringen Aufstiegsmöglichkeiten, neben der Unmöglichkeit, in einen anderen Beruf wechseln zu dürfen und bei Verschleiß für Kellnerinnen- und Putzerinnendienste.

Jeder etwas längere Krankenhausaufenthalt ist eine Zäsur, an die sich die allermeisten oft ein Leben lang zurückerinnern. Die Genesung ist dabei ein neuer Anfang, mit Vorsätzen gepflastert. Da muß kein Schulmeister her, um seinen Senf dazuzugeben; die Krankenhausseelsorge verlor sich ohnehin im Sermon. Aber es ist doch schade – besser: ein Schaden –, daß die Neu- und Wiederentdekkungen der Patienten, die teils kindhaft-regressiv stundenlang vor sich hinsinnieren, teils aber entwerfend wieder Anschluß suchen an die Welt, durch genug präzise Konkretionen „eines neuen Lebens“, ungehört und unerhört bleiben. Krankenhauspädagogik hätte das Ziel, diese stets gegenwärtigen, ohne Zeitdruck gewonnenen Grunderfahrungen der bald Wiederaufstehenden anzuhören, die naturgemäß „hinaus“ denken für eine „dann“ andere Welt. Die andere Welt hat z. B. das Ökologieproblem, aber die Krankenhauswelt krankt daran.

Ein Krankenhaus = 1000 Bananenschalen an einem Tag, mindestens 1000 Blumensträuße pro Woche, 20000 Honigtöpfchen im Monat usw., alles unsortiert in die gleichen Tonnen der großen Verschwender, die in ihren Magazinen lesen, daß sie eben an diesem Müll ersticken werden: „Entwicklung der Fliegenpopulation“ (siehe dieses Feuilleton, jene Fernsehsendung). Viele assoziieren dementsprechend zu den Sterbekurven in den Versuchsgläsern bereits die Rolle des eigenen Drecks der Wegwerfgesellschaft – und werfen selber weiter weg. Jeder, der (wieder) anfängt, hält alles (wieder) für wichtig, gerade die Nichtigkeiten um ihn herum. Kranker und Kind sind sich darin einig. Es ist nicht ausgerechnet, was auf Dauer billiger kommt: der Komposthaufen hinter dem Krankenhaus, das sowieso 6–8 Gärtner bezahlt, oder die Abfuhr der willkürlich gefüllten Tonnen. (Bananenschalenkompost, in wenigen Tagen fertig, wäre der beste Rosendünger der Welt.) Wir sind alle Kurzzeitdenker, und die Schule geht nicht mit gutem Beispiel voran, wie auch nicht das Krankenhaus. „Problembewußtsein“ für „Müll“ entwikkelt sich bei den Kranken da und dort. Sie suchen zu retten, was zu retten ist! Sie konservieren, weil sie selbst konserviert werden wollen.

Es mag richtig sein, daß das Interieur der Krankenzimmer in vielen Punkten den gewohnten Verhältnissen zu Hause ähnelt: die gleichen unbequemen Sessel, derselbe minderwertige Bilderkitsch (statt kostenloser Kindermalereien), Kloschüssel ohne schiefe Ebene, Kanten zum Anstoßen, unfall-(umfall-)trächtiges Kabelzeug. Perfektionierte Angemessenheit demgegenüber oder „hausen wie gehabt“? Uns fehlt ein neues Bauhaus. Krankenhaus und Schule könnten unauffällig „mustergültige“ Funktionalität exemplifizieren.

Krankenhaus und Pädagogik, d. h. Lernen angesichts gesteigerter Deutlichkeiten täglich praktizierter Grenzsituationen.

Neu zu schaffende Berufe: Der Unfallpädagoge

Jeder kann sich angeblich das Elend ausmalen, das 20000 Verkehrstote und 1/2 Million Verletzte pro Jahr in der Bundesrepublik mit sich bringen. Im konkreten Einzelfall ist aber dann doch alles viel schlimmer, bitterer und unvorstellbar hart. Nehmen wir ein Beispiel:

Auf der Rückfahrt vom Urlaub „passiert es" in der Mitte zwischen Graz und Salzburg. Ein Lastwagen donnert die Bergstraße herab. Frontalzusammenstoß, die Eltern tot, drei Kinder schwerverletzt, drei zu Hause gebliebene Kinder ahnungslos darüber, daß sich ihr Leben radikal verändert hat. Sechs Vollwaisen, das bedeutet zunächst auch Verzweiflung der weiteren Angehörigen: Opa, 90 Jahre, Schwägerin, ledig, in den Fünfzigern. Sie wird Ersatzmutter. Mitleid der Nachbarn, die gute Worte verlegen anbieten. Im Mittelpunkt bleibt die mehr oder minder tiefe, wenn auch tapfer überspielte Ratlosigkeit der Kinder, die mit Atlas und Unfallfotos immer wieder das Geschehen rekonstruieren. Für die älteren Geschwister steht die unverändert teure höhere Schule auswärts auf dem Spiel, im Hinblick auf die Jüngeren kann noch nichts über den weiteren Schulweg gesagt werden. Die schleppend eingehenden Abschlagszahlungen reichen gerade, um den Familienrest die nächsten Monate mit halbem Kopf über Wasser zu halten. Dann erst wird man weitersehen.

Wohlwollende Sprüche, wie „Das Leben geht weiter", und wirtschaftliche Überlegungen überdecken also gewöhnlich das Kernproblem, eben die radikale Verlassenheit von Gott und der Welt, die freilich nach außen hin glänzend verdrängt wird.

Hier bedarf es weder eines Psychotherapeuten, eines Schulpsychologen, die beide wir ja auch nicht haben, um die Traumata aufzulösen; es bedürfte eines Unfallpädagogen, der sich undramatisch mit den Kindern berät und die schulischen Dispositionen organisiert, so etwa wie der Bewährungshelfer für einen Gestrauchelten lebenspraktisch einsteht. Vorgezogene Berufsberatung scheint nötig, um die durch das Fehlen der Eltern gebliebene Unsicherheit zu stabilisieren. Medizinische Betreuung nach einem doppelten Schädelbasisbruch kann nach den Anweisungen des Arztes auch der Unfallpädagoge mit überwachen. Er kann für den Arzt Beobachtungen anstellen. Es gäbe eine Fülle bisher undefinierter Aufgaben nicht allein im Hinblick auf Kinder und Jugendliche, sondern auch im Hinblick auf die Erwachsenen, deren Hoffnungslosigkeit selbst Vollwaisen fassungslos gegenüberstehen.

Reden wir auch von den Zigtausenden von Arbeitsunfällen. Ein 55jähriger Mann, eine junge Mutter verlieren plötzlich einen Arm. Wie soll es weitergehen? Hier können nicht gute Ratschläge helfen, sondern nur gezielter Zuspruch, wissenschaftlicher Einsatz, Management im Hinblick auf den Arbeitsmarkt, Zusammenarbeit mit Ingenieuren für Haushaltsmaschinen und andere Produkte. Wir sehen, wie sich sofort eine Fülle von Möglichkeiten ergibt; es leuchtet ein, daß solche Arbeiten nur in Verbindung mit dem Arbeitsamt und letztlich nicht ohne einen zentralen Computer geleistet werden können.

Gibt es erste Ansätze in Richtung auf den Unfallpädagogen? Man hört von Sozialstationen des Innenministeriums, die wohl wie Inseln auftauchen werden. Die Stadt Offenbach hat z.B. einen „kommunalen Notmütterdienst" eingerichtet. Wir wissen von Dorfhelferinnen und Altenpflegerinnen, deren Arbeitsbereiche mit der Unfallträchtigkeit unserer Zeit in Verbindung gebracht werden könnten. Andererseits ist der Betriebswirt ergänzt durch den Sozialwirt. Wer aber kennt dessen Aufgabenfelder? Wie sieht es mit den Hilfsorganisationen des Roten Kreuzes, des Johanniterordens im Falle unserer Beispiele aus? Es kommt der Rat: Wendet euch doch an „Dallidalli" oder an eine andere Fernsehsendung, die für einen Platz an der Sonne sorgt oder will, daß die Mütter genesen sollen. Sind damit schon „Kopf, Herz und Hand" für die Katastrophenfolgen bereit? Können „Not-Elternpaare" das leisten?

Das ist ja das Problem. Geld allein genügt nicht, ja nicht einmal Wissenschaft allein reicht aus. Was auch fehlt: persönlich für die anderen, Betroffenen dasein können. Einem Seelsorger wird nicht selten mißtraut, weil er möglicherweise zu generell an das Seelenheil denken mag, ohne die Details des großen Schmerzes aus der Welt schaffen zu können.

Leichenüberführungs- und Bestattungsinstitute sowie Polizeistationen haben umfangreiche Fragebogen. Die Sozialpädagogik hat bisher nichts dergleichen. Im Geschäftsinteresse oder im öffentlichen Interesse fragen die Einrichtungen sehr genau: „Erd- oder

Feuerbestattung? Liste der zu verständigenden Personen! Abwicklungsmodalitäten der Kosten für Überführung und Bestattung, Gutachten des TÜV über den Zustand der Autos usw."

Wer sorgt, analog dazu, gezielt für die Kinder, die von heute auf morgen einer nicht nur äußerlich, sondern auch innerlich völlig veränderten Welt gegenüberstehen? Sie können am wenigsten mit Phrasen, wie „Schicksalsschlag" oder „Das war den Eltern aufgesetzt", etwas anfangen. Sie spüren den Gips um die Knochen, registrieren, daß die älteste Schwester um die Führungsposition in der Familie mit der Schwester des Vaters unbewußt rivalisiert. Nach den tröstlichen Worten am Grab fehlt der behutsam ordnende, pädagogisch-psychologische Eingriff, der dem der Ärzte gleicht und ihren Maßnahmen folgt.

Wir sind hier längst nicht über das pädagogische Mittelalter hinausgekommen. In diesem Bereich steht die Differenzierung der Berufe erst noch bevor.

Ratschlägerei

Mit Hausfrauenillustrierten ist es manchmal schon zum Verzweifeln. Aber reden wir diesmal weder von den barbusigen Mädchen der Miederreklame noch von den Fotoreportagen über die Hintergründe des letzten Doppelmords, reden wir von der Schulmeisterei der Illustrierten. Davon wird nämlich zu wenig geredet, weil man die guten Ratschläge hinter dem erhobenen Zeigefinger immer nur in der Schule vermutet. Aber das Besserwissertum um jeden Preis, der Drang, dem anderen zur Gestaltung seines täglichen Lebens etwas sagen zu müssen, ist in den bunten Zehngroschenheften vom Kiosk zu finden. Dort feiert ein spießiger Elan fröhliche Urständ'.

Das Motto der pädagogischen Missionare lautet schlicht: „Wir werden es schon schaffen. Man muß nur etwas tun.“ Die journalistischen Arrangeure unseres Lebens arbeiten heute mit dem, was die Praktiker der Schule am meisten fürchten, nämlich mit probaten Rezepten: Machen Sie mal das, stellen Sie mal das an, weil ...! Unsere Tips: „Vergessen Sie nicht ...! Sie können noch mehr tun. Das sollten Sie beachten! Viele Mütter haben es schon vorgemacht. Das war mein Problem. Wußten Sie schon ...? Sie fragen – wir antworten. Einmal kein Menüplan, sondern ein neuer Weg. Das müssen Sie probieren. Wenn Sie erst einmal ... Nur nicht gleich verzagen! Sie können noch schöner sein. Selbst gebastelt. Eine frankierte Postkarte genügt. Sie sind schlanker, als Sie glauben!“ Und so weiter: jede Woche oder alle vierzehn Tage neu.

Solche Imperative sind natürlich durch ihre freundliche Verpakkung nicht so ohne weiteres zu erkennen. Sieht man aber einmal bewußt, wie „für Sie geplant“ wird, so kommt man zu der niederschmetternden Erkenntnis, daß man selbst bisher noch nichts gewußt oder noch nichts in der Schule gelernt hat. Freilich trifft auch zu, daß heute alte pädagogische Fehler von anderen gemacht werden, nämlich von manchen Hausfrauen-Illustrierten.

Eine Serie trägt z.B. folgenden Titel: „Ihre nächsten fünf Wochenenden“. Da einem für den schönen Frühsommer ja nicht so ohne weiteres etwas einfällt, erhalten wir, mit genauer Datumsangabe, folgende fünf Aufforderungen: (1.) Zwei Tage für die Gesundheit (wobei wir u.a. Honigmasken zwanzig Minuten auf dem Gesicht liegenlassen müssen). Am nächsten Samstag wandern wir (2.) – offenbar ohne Rücksicht aufs Wetter – im Maßstab 1 : 50 000. Wenn wir nach Hause kommen, nehmen wir einen der Longdrinks von Seite 29 rechts unten. Die Kinder dürfen besonders lang aufbleiben, denn sobald es dunkel ist, starten wir alle gemeinsam zu einem Mondspaziergang.

Am nächsten Samstag setzen die Eltern (3.) eine Kinderparty mit Kuchenschlacht an. Beim Sackhüpfen gibt es kleine Preise (Drehbleistifte). Der Abend gehört den Eltern. Sie gehen tanzen. (Inzwischen hat Papa seine geplatzten Nerven weggekehrt?) Da am Sonntagabend das Fernsehen zufällig familienfreundlich im ZDF ist, werden die Eltern nicht schon wieder zum Tanzen gehen, sondern mit ihren Kleinen feststellen: „Alle Hunde lieben Theobald." Wieder eine Woche später wird – (4.) mit der in den Sommermonaten ständig zu preiswerten Fahrten aufgelegten Bundesbahn nach dem morgendlichen Tautreten oder Badewannenwassergüssen nach Kneipp – im Falle einer Kleinwohnung – zum Schützenfest gefahren. Bleibt noch das fünfte Wochenende. Und nun? Jetzt gibt's gleich ein großes Fest, „mit netten Leuten", das Sie, vor allem, wenn Sie richtig (nach den Seiten 25 bis 27) eingekauft haben, recht müde machen dürfte. Sollten Sie keinen Hering zu Hause haben, trinken Sie $^1/_8$ l Orangensaft, 2 Teelöffel Traubenzucker, 1 Eigelb, zusammen verquirlt. (Kein Rat für das Eiweiß?)

Wenn Sie später, nächstes Mal, neuen „Ratschlägereien" nicht folgen, einfach pausieren, kein Haus für Kinder bauen oder lustige Holzgefäße lustig anmalen wollen, dann werden Sie doch hoffentlich wenigstens Preisrätsel lösen oder sich da und dort mit gleichgesonnenen Leserinnen identifizieren. Aber klammern wir Beispiele von Ratschlägen der Tante Erna aus und schauen lieber bei den Leserbriefen nach, ob den treuen Kunden die Schulmeisterei auch wirklich gefällt? Offenbar, bei braven Hilfslehrern allemal. „Das gleiche zu essen wie Filmstar Joachim Fuchsberger oder sogar das, was er als sein Lieblingsgericht bezeichnet, bietet mir heute noch einen Hauch jener großen Filmwelt, die für unsereinen unerreichbar bleibt." Bei so viel Emphase darf zur Belohnung ein Bild des strahlenden Partykochs Joachim mit einer Pfanne Powidldatschkerln nicht fehlen.

Erziehung – Was ist das?

Versteht man unter Erziehung, frei nach M. Buber, die Auslese der Welt durch das Medium einer Person für eine andere Person, so kann es nur ein interpersonaler, unmittelbarer Akt gezielter Hilfestellung sein. Rationalistische Verzweckung setzt dort ein, wo durch und zur (er-)gezogen wird. Ansichtssache? Ich glaube nein!

Es kann nur ein Ziel geben, nämlich einer anderen Person als Erzieher beizustehen, sie zu geleiten – mit den Mitmenschen, in die Welt, zu ihren gesellschaftspolitischen Konflikten und Umweltsorgen. Das Ziel sind dabei Menschen, nicht zuerst Zwecke, Erwartungen von „Außenstehenden", idealtypische Vorstellungen, „Lebensmächte", „Kulturfaktoren", „Festigungen" zivilisatorischer Errungenschaften oder politischer Haltungen.

Suchen wir nur wiederkehrend gewählte Ziele zusammen, und es wird sich zeigen, wie gleichgültig offenbar der einzelne, bestimmte Mensch mit seinem Namen und seinem Gesicht den Erziehern geworden ist – und alles andere wichtiger zu sein scheint:

Erziehung zur und durch Menschlichkeit, zur und durch Kunst, zum sozialistischen Absolventen, zur Toleranz, zur Selbständigkeit, zur Mündigkeit (Adorno), zum Protest (Schelsky), zur Musik (Karajan), zum Ungehorsam (Kinderläden), zum Klassenkampf (DDR), zur Kampfbereitschaft (Soldatenstudie), zur Technik (Kahlert), zum Hören, Sehen (Medienpädagogen), zur Wissenschaft, zum und durch den Glauben, zur und durch die Demokratie, zur inneren Höflichkeit (Bernhold), zur Gesellung, zur Bejahung der eigenen Geschlechtsrolle, zur inneren Freiheit, zum Verantwortungsbewußtsein, zum kritischen Denken, zur Persönlichkeit, zur und durch Gemeinschaft, zur tätigen Teilnahme an…, zum Kaufmann, zur Gegenwart und zur Zukunft, zur Freizeit, zur Völkerverständigung, zum Raumtiefensehen, zu Totschlägern (als Fehlform gemeint), zur Nacktheit (dito), zum Kitsch (dito), zum Alltag (S. Bimberg), zur Anschauungskunst (Pestalozzi), zur Pünktlichkeit…

Die Reihe läßt sich beliebig fortsetzen. Ist nicht einiges gewonnen, wenn der Erzieher nicht das Ziel bezeichnet, sondern die Eigenart oder Eigenschaft seiner Erziehung? Das sieht dann so aus:

Schreiberziehung
Charaktererziehung
Konsumerziehung
Geschlechtserziehung
Friedenserziehung
Berufserziehung
Arbeitserziehung
Volkserziehung
Freizeiterziehung
Gesundheitserziehung
Freilufterziehung
Konflikterziehung
Tageserziehung
Trieberziehung
Heilerziehung
Klostererziehung
Hörerziehung
Gelderziehung
Umerziehung

Emotionale Erziehung
Kompensatorische Erziehung
Sittliche Erziehung
Religiöse Erziehung
Polytechnische Erziehung
Kreative Erziehung
Rationale Erziehung
Eucharistische Erziehung
Literarische Erziehung
Staatsbürgerliche Erziehung
Lebendige Erziehung
Asketische Erziehung
Ästhetische Erziehung
Funktionale Erziehung
Antiautoritäre Erziehung

Wieweit dieses willkürliche Spiel getrieben werden kann, beweist am schönsten „die mathematische Früherziehung“, die in einem anderen Buchtitel bis zur „Mathematischen Bildung“ aufstieg. (Wir wollen das gleiche entlarvende Spiel lieber nicht auch noch mit der Bildung treiben. Der „Bildungsweg“ führt mit den „Bildungsgütern“ geradewegs zur „Bildungsexplosion“. Die Bildungsaufgabe in der „Bildungskrise“ scheint zu sein: an die „Personalbildung“ zu erinnern, was wohl Erziehung höchst unglücklich umschreibt.)

Zuletzt muß allerdings noch bitter zur Kenntnis genommen werden, daß die Personen noch mehr verschwinden können, als sich das bisher schon abzeichnete. Wenn der 5. Senat des Hessischen Verwaltungsgerichtshofes vor einiger Zeit erklärte, „daß Kinder-Reitautomaten keine erzieherische Wirkung“ haben (also nicht mit dem handelnden Erzieher gleichgesetzt werden können), so scheint immerhin erkannt, daß Dinge letztlich keine erzieherische Funktion haben.

Die „Erziehung der Erzieher“ (J. M. Sailer) muß zunächst wieder darauf abzielen, daß sich Erzieher wieder ganz einfach als solche verstehen und ihre „Zöglinge“ weder das Gewissen noch der Farbensinn sein können (wie in der Erziehung des Gewissens und der Erziehung des Farbensinns, bei Lichtwark übrigens). Wir brauchen weder „Rhythmik in der Erziehung“ noch vage Formulierungen, wie rhythmische Erziehung, sondern das persönliche Engagement von Erziehern für bestimmte Kinder.

Schulkind und schnöder Mammon

Der paradiesischen Welt des Kindes wird durch einen Ernüchterungsprozeß nach dem anderen nicht mehr viel Glanz gelassen. Nur in einem Punkt ist anscheinend noch vieles beim alten: nämlich in dem Verhältnis des Kindes zum Geld.

Ein Märchenschatz glitzert weiterhin von Gold und Silber und Edelstein, bewacht von feuerspeienden Drachen und gekrönten Schlangen. Kein Juwelier darf sich diesen Reichtümern mit eingeklemmter Lupe im Auge nähern, denn was da gleißt, ist die Unschuld selber, die reine Seele, bildhaft umgegossen in Symbole der kapitalistischen Gesellschaft: in „immobile Anlagen". Das Kind lernt's so nur nicht zu sehen.

In der Romantik vereinbarte sich noch der Regen der Sterntaler mit frierenden und zitternden Kindern, die über dem letzten unverkauften Streichholz entschliefen. Heute gibt es keine industriell genutzte Kinderarbeit mehr, wohl aber noch Formen der Ausbeutung der Kinder in Familie und Wohlfahrtsorganisation, bei Ahnungslosigkeit eben dieser Kinder. Sie kaufen ohne großes Verständnis ein und klappern mit der Sammelbüchse, ohne um die werbepsychologisch genutzte Unwiderstehlichkeit bettelnder Augen einer Zwölfjährigen zu wissen. Der Lockvogel kennt auch nicht die mit seiner Hilfe umgesetzten Endsummen. Sie werden hinter seinem Rücken gezählt.

In Kinderkrimis aber fangen die Kleinen eigenhändig Gangster, die Banken ausrauben. Wenn der Spielfilm in Geldsachen konkret wird, ist da wenigstens ein kleiner Schuhputzer, der in der „Bronx" seinen Stand hat, oder dort ein Zeitungsjunge, der an der Ecke zur Wallstreet ein paar Cents anscheinend effektiv verdient. Von Mark Twain kennen wir noch besser das Tauschgeschäft von Tom: Taschenmesser und Apfel für Anstreicherarbeit, die der andere erst noch machen darf. Nicht einmal der Wildwestheld, dieser kongeniale Abklatsch 12- bis 13jähriger Jungen, hat ein realeres Verhältnis zum Geld. Was er braucht, erwirbt er am Spieltisch und rächt die

Enterbten ausgerechnet, ohne an deren materiellen Fundus zu denken. (Ein Wort wie „ausgerechnet" käme diesem Einzelgänger übrigens nie bewußt in den Sinn.) Auch sein Verhältnis zur Frau ist gleichermaßen irreal. Er küßt nur im Saloon und schmeißt keinen Gulden dafür auf den Tisch. Und was tut die Wirtschaft? Sie kennt ihre Kunden von morgen, die heute schon hübsche Summen in ihren Händchen halten. Sie verniedlicht nur äußerlich 25–30 Milliarden DM, über die Schüler und Jugendliche mehr oder minder frei verfügen können, und weiß genau, wohin und wofür die steigenden Beträge fließen. Sie gehen z. B. in die Plattenindustrie, wo fast neun Zehntel der Platten auf U-(Unterhaltungs-)Musik entfallen, deren Käufer zu 70% Mädchen sind, welche gleichzeitig auch ein Drittel der Miederproduktion abnehmen, obwohl sie es nicht nötig hätten. Sie bereichern des weiteren die Kosmetikindustrie zu einem Zeitpunkt, wo ihre Haut wie „Milch und Honig" schimmert und allenfalls ein paar Pickel zugepudert werden müßten.

Auf jeder Messe sind Kinderkaufläden nicht nur Aufbewahrungsstätten. Hier wird spielerisch mit Spielgeld umgegangen. Kinder sind auch Schlepper und Träger von Reklame-Signalen. Von Sparkassen und Banken bekommen sie Sparbücher mit der Anfangsmark geschenkt; der Metzger gewährt Zusatzrabatt direkt in den offenen Mund des begleitenden Sprößlings. Alles ist genau kalkuliert in Ansicht und Absicht. Und wie lautet die Antwort der Schule darauf und auf die Kaufwünsche der Kleinen, auf ihre Artikelkenntnis, ihre Sicherheit oder Unsicherheit, mit der sie (ab 7 Jahren, wo sie das Geld unterscheiden können) an der Kasse bar zahlen?

Die Schule liest ja wohl längst Verbrauchertestergebnisse, reduziert die übertreibende Werbung auf die realen, merkantilen Verhältnisse, zeigt Soll- und Habenrechnungen vor, übt in künftige Beteiligungen am Aktienmarkt ein, demonstriert im 9. Schuljahr, wie man Steuern sparen, ja mehr noch: legal Steuern vorbehalten (nicht: hinterziehen) kann, kurz: kümmert sich um „Geldgeschäfte". Das kann doch gar nicht anders sein. Leider scheint dem nur so.

Man duldet, daß der Jugend „Materialismus" vorgeworfen wird. Wenn gerechnet wird, dann gerne mit Zins und Zinseszins (traditionelle Bevorzugung des Spargedankens): „Hätte Christus nur einen Pfennig angelegt, dann..." Mammon bleibt Mammon. Als Geld der anderen stinkt Mammon immer, im Gegensatz zu den eigenen Kröten, mit deren Häßlichkeit man keinen Staat machen kann.

Der Lehrer sollte Gewähr dafür bieten, daß er auch Sinn für die finanzielle Zukunft seiner Schüler entwickelt. Er darf sich über das Sparschweinchen ebenso erheben wie über die Entrüstungen angesichts der Verführung durch werbliche Signale. Deshalb sollte es in Geldsachen nicht länger Umschweife und Ausweichmanöver geben: kein Weltspartag-Gerede, kein Aufsatz „Mutter als Vorbild beim Einkauf", kein gefühlvoller Hinweis auf den Opfergedanken.

Stil als Stiel im Kreuz

Da kommen nun seit einem halben Jahrzehnt „neue“ Lehren, die aus den dreißiger Jahren herbeigeholt sind, nämlich die von den Erziehungsstilen des Kurt Lewin. Folglich wird durch pädagogische Prüfer die Frage nach den Stilen sogar an künftige Junglehrer gerichtet. Stile sind mit leichten Namensänderungen der Laisser-faire-Stil, der autokratische und der sozial-integrative Stil. Diese plakativen Vorstellungen, um sich das Verhalten von Erziehern in der Schule ausmalen zu können, sehen immer nur das „Gehabe“, damit jedoch eine anscheinend kaum veränderliche Struktur. Immerhin kommt es vor, daß ein Lehrer, der noch am Morgen autoritär auftrat, mit dem entsprechenden Stil als stützendem Stiel im Kreuz, im Laufe des Vormittags auf eben dieses „Kreuz“ gelegt wird, sich dazu in ein „Laisser-aller“ flüchtet, in der Hoffnung, daß er so als guter Kamerad die soziale Integration erreicht. Was passiert da nicht alles gleichzeitig? Eine sich anbiedernde Abwehr dreht sich um die Achse einer Isolierung, die sie gleichzeitig als Schutz behalten und als hinderlich aufgeben möchte. Mit anderen Worten: das Leben schenkt uns nur bedingt die Sicherheit von statisch aufgefaßten Stilen in der personalen Kommunikation.

Stil bietet Maßstäbe an und legt die Überlegung nahe: alles klappt und funktioniert dann besser. Einfach übersetzt, ist Stil eine Machart. Es nützt auch nicht, Macharten miteinander vermischt zu sehen. Die jeweiligen Situationen pflegen sich meist nicht nach den in sich starren Ausprägungen eines Stils zu richten. Es wird uns empfohlen, hinderliche, negativ „internalisierte“ Stile zu überwinden und dafür neue, bessere zu erlernen, z. B. dadurch, daß man sich via Unterrichtsmitschau einmal selber zusieht und etwa die Zahl seiner Befehle auszählt. Ziel ist allemal die Vergrößerung des Repertoires von sozial-integrativen Verhaltensmustern. Aber es besteht häufig der Irrtum, daß bei der Durchführung, beim Vollzug eben dieser Leitbilder, nichts mehr schief-, sondern alles nur mehr gerade gehen könne. Ach, ginge es doch nicht schon mit unseren Nerven und Emotionen hin und her und im Kreis herum.

Mit der Kinderbetreuung ist es oft wie mit der Truppenbetreuung. Man sorgt für den Einsatz effektiven Materials: von Stimmungskanonen und amtlichen Partnern. Man macht jenes so und dieses ähnlich, bloß sich selbst brauchen weder der Herr Lehrer noch der Herr General zu riskieren. Das alte Versteckspiel, nichts anderes! Bei den sogenannten Erziehungsmitteln berief sich der Strafende auf eine zu wahrende Ordnung, das zu rehabilitierende Kind konnte sich anpassen. Haben wir bei den Stilen nur den richtigen (nämlich den sozial-integrativen), sitzen wir also nicht mehr auf dem Katheder, sondern mischen uns unter das Volk, dann wird es kein Drama der Entfremdung mehr geben. Die Kinder sind gleichberechtigt und erhalten vor den Ferien ihre Noten angewärmt.

Erziehung – Teilgebiet einer allgemeinen „empirisch abgesicherten" Sozialtechnologie?

Nackte Frau und nackter Mann

Und ist die Zeit der Schafschur noch so kalt, die Covergirls tragen dennoch nur Perlen, Pailletten, Pleureusen und Posamenten auf dem nackten Körper. Ob es schneit oder ob es 30 Grad im Schatten hat, ist völlig gleichgültig. Wie die ausgewachsenen Putti einer Barockabtei strotzen die Damen mit ihren Formen so vor sich hin, zur Freude Buso- und Popophiler. Die Zahl der Nacktbadestrände nimmt zu, sind sie doch der ideale Ort der Flucht nach vorn. Nackt aber, im übertragenen Sinn, ist bei den amerikanischen Werbepsychologen der Mensch erst, wenn es gelang, ihn, als Kunden, seines Geldes zu entblößen.

Machtlos scheinen jedoch Jugendschützer vor einer Sexualsymbolik für Tiefenpsychologen des ersten Semesters (Kniende mit Thermosflasche). Da und dort werden Bilder nackter Mädchen indiziert oder mühsam durch Berufungsverfahren geschleust. (Schamlos genannt, weil die Scham zu sehen ist.) Man gesteht stillschweigend eine Maximalisierung bildhafter Projektionen zu, wo nicht durch neue Zensuren, wie etwa bilderfreier Reklameflächen von Kinos, die Phantasie noch mehr angeregt wird.

Der springende Punkt ist nicht, ob eine allgemeine sittliche Norm zur Anwendung zu kommen hat. Fragwürdig ist vielmehr das ständige Traktieren von Fünfzehn-, Sechzehnjährigen mit Sex, ohne daß sie in eine sexuelle Praxis eintreten dürfen.

Was tun? Den erotisch-sexuellen Realitäten dadurch Rechnung tragen, daß man sie, im Sexualunterricht, „bespricht" – sie gewissermaßen wie Warzen hinwegzaubert – oder weiter wegschweigt?

Matriarchalische Liberalisierungen steigern die Erregbarkeit der Jugendlichen, wenn diese sich angesprochen fühlen; insofern schätzen sie weniger Bilder von glücklichen Paaren, weil da ja schon zwei beisammen sind, als vielmehr die auffordernde Schöne allein, mit dem einladend gebleckten Gebiß. „Der" Schöne läßt sich noch kaum blicken, weil Sex und Exhibition seine männliche Souveränität beeinträchtigen können. (Die sogenannten „Blitzer" scheinen dieses

Tabu brechen zu wollen.) Die „Blitzer" wirken bei der Befreiung der Frau mit, weil sie ungeniert die Mittel demonstrieren, zu denen nicht selten die Frau durch Männerherrschaft gezwungen wird, nämlich sich zu Gefallen und Überraschung des Mannes darzustellen. Die für den Mann gepachtete Geistigkeit und Willensstärke schloß ja körperlich-materialistische Befangenheit für ihn als abträglich, weil unmännlich, aus. Es hat genug Titelbilder gegeben, auf denen der angezogene Mann von ausgezogenen Frauen umbuhlt wurde. Das Umgekehrte war weit und breit kaum zu sehen, denn die Männer verstehen bis heute, ihren Nimbus zu wahren. Der Entschuldigungsgrund, daß sie von Natur aus häßlicher seien oder martialischer wirkten durch ihre scheinbar zusätzlichen Gaben der Natur, war ebenfalls ausgesprochen nützlich und zweckdienlich, um Vorrang und Beschützerrolle herauszustreichen. Jeder Versuch, die Gleichberechtigung der Geschlechter auch äußerlich sichtbar werden zu lassen, wie das z. T. vielleicht unbewußt die „Blitzer" tun, baut die gesellschaftliche Wichtigkeit des Mannes ab, entdramatisiert auf diese Weise Spannungen, bringt mehr Spaß in die Welt und vermeidet unnötige Rollenfixierungen. Freilich kann dieses Stadium nur als ein Übergangsstadium aufgefaßt werden, denn das körperliche Erscheinungsbild ist nur *ein* Symptom des höchst überflüssigen Kampfes der Geschlechter.

In 40 oder 20 Jahren wird es vielleicht eine freiere Einstellung gegenüber der sexuellen Begegnung der Alten wie auch gegenüber der der Jugend geben. Aber die Nackten von heute haben, wie die Angezogenen von 1890, die das Blut durch das Kokettieren mit Fußknöcheln zum Kochen brachten, zunächst die Aufgabe, die Fortdauer der List der Natur zu bestätigen, dann aber durch den freien Einfall die überlieferte Distanz zwischen den Geschlechtern abbauen zu helfen.

Leistung und Lust wurden lange genug gegeneinander ausgespielt, Erfolg schien nur durch Verzicht gesichert. Dieser Ansatz der Rechnung eingefrorener oder doppelzüngiger Patriarchen scheint nicht mehr unangefochten vertretbar. Ihr Primat verliert die Liebe nicht. Gleich, ob wir es wahrhaben wollen oder nicht. Und allemal stehen Ausdrucksformen nur in seinem Dienst. Sie aber können nur freier werden, wenn sie sensibilisiert genug sind.

Ein weißer Fleck auf dem Kleid der Pädagogik

Erstaunlicherweise sind Fragen der Schulbekleidung wie überhaupt die Mode den Pädagogen nahezu gleichgültig. Außer im Fach Kunsterziehung sind kaum Erörterungen dieses Themas zu finden, jedenfalls keine wissenschaftlich zu registrierenden.

Da Kleidungsfragen nur der Frau zugeschrieben werden, finden es wahrscheinlich die immer noch herrschenden Spätpatriarchen im pädagogischen Raum unter ihrer Würde, wenn sie sich schon mit Kinderkram als wissenschaftlichem Gegenstand befassen sollen, sich auch noch mit Schulkleidung, verkehrssicher-orangefarbenen Regenmänteln, Minis, Tracht, Antitracht und Imponierklamotten herumschlagen zu sollen. Es kann aber unmöglich „unter der Würde" der Erziehungswissenschaft sein, sich mit solchen Themen zu beschäftigen, auch wenn sich „konkurrierend" Hausfrauenillustrierte und andere Medien fast zu lebhaft damit beschäftigen und man so in „unseriöse" Gesellschaft geraten kann.

Die Kleidung ist von hohem ausdruckspsychologischen Aussagewert: alles unterliegt einem modischen Wandel, der immer Lebensgefühle darstellt. Über das Was und Wie modischer oder zeitloser Kleidung ist trotzdem „im Curriculum" kaum etwas gesagt, noch wird gar erprobt, was nach den „Geboten des Geschmacks, der Gesundheit, des Anstands und der Bequemlichkeit" sich gerade empfiehlt. Im Spiel der Stoffe, Formen und Farben wird die gesellschaftliche Relevanz der Bekleidung noch zu wenig gesehen.

Die Kinder selbst freilich schätzen Kleiderfragen; sie lieben beispielsweise die Maskerade und alle Verkleidungen aus Gründen der Identifikationserprobung. Anstatt sie aber nun bekleidungskundlich zu informieren, werden sie höchst autoritär einfach angezogen; nicht nur der Jahreszeit entsprechend, auch für feierliche, festliche, feriengemäße Gelegenheiten, und das ganz nach Maßgabe des Geldbeutels beziehungsweise einer stets trostbereiten Wirtschaftswerbung, wenn die Kasse der Eltern dabei nicht mehr recht stimmt: „pflegeleicht".

Erst in der Pubertät schlägt die Situation ins Gegenteil um; nun wird das selbst gewählt und durchgesetzt, was vor allem von den Alten abhebt: Lederjacken, Clochardklamotten, Zigeunerlook und gewagte sexbetonte Fummelchen. Was machen die „Alten", zu denen ja auch die Pädagogen gehören, daraufhin? Ihnen gefällt „plötzlich" selbst entweder der reformerische Geist des „Jugendstils" – oder sie lehnen ihn barsch ab, oder sie überkompensieren ihn mit saloppem, abhebendem Understatement oder weichen in verdrängende Sachlichkeit aus. Abertausende von Lehrerinnen und Lehrern treten, vielleicht auch, weil sie keine Krawattenpauschale vom Fiskus zugestanden bekommen, in weißen Kitteln, in Sack und Asche oder in – wegen Tintenflecken zum fünftenmal gereinigten – Allerweltsfahnen und Tüchern vor ihre Klasse hin, um – abgeurteilt zu werden. Ihre falsche Sachlichkeit belegt den Schülern das Desinteresse an deren Selbstdarstellungen. Erziehung, als Relation von Ich und Du, wird erst glaubwürdig, wenn Erzieherinnen und Erzieher sich nicht mit unverkennbaren Schutzhüllen umgeben.

Diese können es in doppelter Hinsicht sein: einmal als graue Alltagskleidung und zum anderen als Panzer im übertragenen Sinn. Beide legen den Erziehern die Hemmung auf, ihre Meinung zu sagen, z.B. durchaus auch zur protzenhaften Kleidung, mit der der eine den anderen kleinhalten will. Um aber mitreden zu können, muß man von der Relation Kleidung und Mensch einiges verstehen.

Die Selbstcharakteristik der Kinder in ihrer Kleidung wird heute etwa mit der bebilderten Scherzfrage analysiert: „Wer heiratet wen?" Die Hausfrauenillustrierte geht dabei von der Meinung aus, daß der sechsjährige Jeansträger mit Ballonmütze sich nicht der Klassenkameradin im rosa Frühlingssonntagskleid zuwendet. In differenzierter Form gehören solche Spannungen in das soziometrische Feld einer Schulklasse.

Man muß nicht einen Schulcouturier kreieren, aber man kann auch nicht länger in der Sozialkunde die gesellschaftliche Effizienz der Kleidung ignorieren. So wie im Schulhausbau sich die Pädagogen ein Mitspracherecht erkämpfen müssen, so hätten sie es sich längst im Bereich der Schulkleidung erkämpfen sollen.

Aber da steht bei uns der italienischen, spanischen, griechischen, englischen, russischen Schuluniform die Unfähigkeit gegenüber, z.B. für die modefreien Kleinen mitwachsende Jeans mit Krimskramstaschen, Sicherheitsstiefeln mit dicken Reißverschlüssen und in bunten Farben mitzuerfinden und durchsetzen zu helfen. Während die Werbung immerhin von Bewegungsfreiheit, Strapazierfähigkeit, leicht an- und ausziehbaren Kleidungsstücken spricht, schweigt die Schule.

Und gegenüber den Pubertierenden kapituliert sie völlig. Wenn spätestens die 13- bis 14jährigen Hauptschülerinnen auf dem Weg zu out-door-girls sind, die ihr beautiful face nicht in Mitleidenschaft ziehen wollen, haben sie von Kosmetik keine Ahnung. Da jegliche Mitsprache der Älteren im Grundsätzlichen wirkungslos zu sein scheint, bleiben auch die Accessoires, eben das ganze Umfeld der Mode, ignoriert. Um die Kleidung für die Püppchen der Kleinen kümmert sich ja schon nur der Spielzeughersteller, so wie sich um die ABC-Tafeln am modischen Gürtel der Kutten früherer Zeiten, von denen man auch lernen könnte, allenfalls der Historiker der Pädagogik Gedanken macht.

Durch rivalisierende Kleiderschauen in der Schulklasse können, wie angedeutet, Entfremdungen geschaffen werden, die der Lehrer richtigstellen kann. Sauberkeit der Hemden ist eben nach wie vor aus hygienischen Gründen wichtiger als ein ausgefallenes Blümchenmuster; das Blümchenmuster aber wiederum ist wichtiger als opportunistische Anpassung durch white-collars. Muß im Unterricht unter solchen Umständen das Gesetz der kommunizierenden Röhren stets vorrangig sein? Ist ein Lehrer „zu persönlich", wenn er einmal dieses Mädchen ermutigt und jenem Jungen im Hinblick auf seine Kleidung eine Nettigkeit sagt? Die Lieblosigkeit in der Welt wird vermehrt, indem sie nicht einmal das zur Kenntnis nimmt, was seit der „Vertreibung aus dem Paradies" unsere Blößen verhüllt.

„Wer bin ich?"

Der Imperativ des Sokrates „Erkenne dich selbst!" ist in Zeitschriften und Zeitungen zum psychologischen Gesellschaftsspiel degeneriert. In Quizmanier, gelegentlich auch „multiple choice" genannt, kreuzen wir da a) und dort b) an. Nicht zu Sachfragen, sondern zu Bilderfragen an das Unbewußte. Wir erhalten für unsere Kreuzchen Punkte, die sich schnell summieren zur Summe unseres Charakters.

Wir fixieren die Impressionen, die wir von Heidelandschaften und Bergtürmen, von strohgedeckten Katen und Appartementhäusern, von Kavalleristen des 18. und des 19. Jahrhunderts, von Segelschiffen und Lotsenkuttern haben. Der Anblick von neunerlei Ruinen ist mit 27 Meinungen gekoppelt. Wer Wien statt Hongkong zu seiner Hauptstadt erkürt, braucht sich nicht zu wundern, wenn er die Rechnung für seine Sentimentalität präsentiert bekommt. Gleiches gilt wohl für den, der durch sein Es Bussy-Bär statt Puma ziehen läßt. Hübsch ist es auch, die Verbindung zu suchen zwischen dem Volkslied „Muß i denn..." und einem dazu passend erscheinenden Sonnenuntergang. Der trivialisierte Auswahltest führt uns vor die verschiedenen Ferienbetten, z. B. blau-rot-karierter Bauernhimmel oder kreisrundes Matratzenlager.

Assoziationen über Assoziationen, auch bei geheimen Zeichen, die man Rorschachiaden nennen könnte. Schließlich hat „unser psychologischer Mitarbeiter" (Anonymus selbstredend) für das Gekreuzle 89 Punkte vorgesehen. Das heißt, „Sie stellen sehr hohe Ansprüche und wissen genau, was Sie wollen. Für seine eigene Meinung soll Ihr Partner kämpfen. Auf keinen Fall darf er überempfindlich sein, Sie sind es auch nicht", usw.

Die Gewißheit, der Brustton der Überzeugung, mit denen die Urteile gefällt werden, zeigen ein umwerfendes Selbstvertrauen der Richter. Hätte die Partnerin nur 10 Punkte mehr gehabt, hätte sie nicht mehr zu einem gepaßt.

Nun gut, wer nimmt diesen Spaß schon ernst? Wer's tut, ist selbst schuld. Aber so harmlos ist das alles gar nicht, denn da werden

– „Wer paßt zu wem?“ – reihenweise „Typen“ diskriminiert, die nicht die richtige Visage haben. „Wie die schon schaut! Und der hat ganz schön brutale Züge!“ Da wird dieser vorwissenschaftliche „Unimorphiker“ zu jener Wassermannfrau geschlagen, die Asthenikerin kommt zum „Skorpion“. Soll jetzt der Weg zum Rendezvous-Computer noch weit sein?

Dieser kopuliert bereits ernsthaft hervorstehende Eigenschaften Gleichaltriger. (Beide lieben Orange und hassen gestreifte Krawatten.) Der Idealpartner bedarf genau 15 angekreuzter Kästchen. In ihnen steckt er mit all seinen Konflikten, Wünschen, Gereimtheiten und dem Gegenteil davon.

Fernunterricht durch ein Lehrinstitut gefällig? Kleben Sie Ihre drei Lieblingsfarben auf die Anmeldekarte. (Mit DM 1500 sind Sie später dabei.)

Und erst die Heiratsanzeigen! Leben sie nicht von den eingeübten Selbstcharakterisierungen? „Charm. Endvierzigerin, 167 cm, gesch. Schütze, häusl. und kath., romant. Typ, sucht Löwe ohne Anhang, nicht unter 1500 DM im Monat, da selbst Eigentumswohnung.“

Ich bin weit davon entfernt, mich darüber lustig machen zu wollen. Hinter der Schablonierung verbirgt sich ein wirklicher Mensch, der sein Leben nicht abschreiben will, der tatsächlich so etwas Ähnliches wie „häuslich“ ist. Muß aber überall Identität derart zerschrumpft werden? Sollten wir uns nicht angesichts der charakterologischen Mätzchen, die Woche für Woche wiederkehren, einen Fluch abringen? „Verdammt noch mal! Für wen haltet Ihr uns eigentlich?“

Doch so einfach sind die Zusammenhänge nicht. Die Pseudotests fragen im übertragenen Sinn mehr nach uns selbst, als es die richtigen Tests tun. Sie sind zudem eingängiger, entgegenkommender und zu Ratschlägen bereiter.

Wie sollte diese Testerei nicht auch der junge Mensch schätzen? Er hat seine eigene Identität noch nicht gefunden. In der Schule wird ihm keine Psychologie gelehrt, zu den Eltern hat er wenig Beziehung, ihre lapidaren Charakterisierungen findet er nicht schmeichelhaft, seine Freunde sind ebenso ratlos wie er selbst. Die große Dichtung der Selbstfindung (Hesse, Beckett, Frisch) begegnet ihm teils als langweilige Hausaufgabe, Vorleseübung oder Referate-Stoff zwischen den nächsten 15 Schulaufgaben, teils als absurdes Theater. Wann soll sie sich als Quell der Ahnungen entfalten? Wo sind die Antworten der Pädagogen auf die Frage „Wer bin ich?“ (Im Zeugnis vielleicht?)

Brief nach einem KZ-Besuch

Lieber Hans!

Gestern war ich im ehemaligen KZ in Dachau. Du hast gesagt, ich soll Dir schreiben. Wie Du schon gehört hast, ist das ganze Terrain seit vielen Jahren in bestem Schuß. Alles macht einen würdigen Eindruck. Die Vergasungshalle ist seinerzeit mit neuen Dachziegeln eingedeckt worden, das Weißblech um die Kamine sieht erneuert aus. Besondere Erwähnung verdient die Rekonstruktion einer Baracke, in die in der Kriegszeit allein einige hundert Malträtierte hineingepfercht waren. Der Gestank und das unhygienische Stroh sind inzwischen neuen Betten gewichen, deren Fichtenholz angenehm nach Harz duftet. Hoffen wir, daß die Leute genügend Phantasie mitbringen, um nicht zu sagen: So schlimm kann das eigentlich gar nicht gewesen sein.

Besonders schön ist das Museum geworden. Herrliche schwarze Ausstellungslampen beleuchten grauenhafte Fotos, Kleidungstücke und Folterwerkzeuge. Außerordentlich großes Interesse findet bei Philatelisten die KZ-Gedenkmarkensammlung. Mancher Junge stellt fest, daß auch er jene Frankreichmarke habe.

Lieber Hans, ich kann nichts dafür, daß mich die in Betonwannen gefaßten Grundmauern der Baracken, gefüllt wie sie sind mit Kieselsteinen, dauernd an das Flußbett im Tagliamento-Tal erinnern. In der Sonne ist fast alles so hell wie an der Adria.

Man kommt dann zu einer Art Ausstellung von Gedenkkapellen der drei Konfessionen. Die Zeugen Jehovas haben sie ja nicht bauen lassen. Die Katholiken, die Evangelischen, die Juden, alle haben die modernsten Architekten aufgeboten. Die evangelische Kirche trug dem „Tal des Todes" durch Sichtbeton Rechnung. Kein Besucher läßt eine der Kapellen aus, weil er sehen will, welche die schönste ist und die am besten für ein Dia geeignete. Es ist meist die katholische, schon wegen der Dornenkrone. Es fotografiert sich ohnehin leichter im Freien. Insbesondere die Begonien vor dem Grabstein mit dem Davidstern wirken attraktiv, wenn sie später im Dia an die Wand geworfen werden.

Die Deutschen wundern sich, wie viele Ausländer hierher kommen. Und mit Recht bereut mancher: Diese Schweinerei hätten der Hitler und der Himmler nicht zu machen brauchen. Aber den fremden Campern könnte an Regentagen auch etwas anderes einfallen, als nach Dachau zu fahren und dann drei Stunden keine Deutschen mehr anzuschauen. Dabei ist jetzt wirklich alles ganz schön gemacht worden. Und sparsamerweise hat man auch statt drei Stacheldrahtzäunen später nur mehr einen ganz erneuert. (Es ist ein Zaun mit auch nur mehr einem Drahtzug, wie ich hörte.)

Ja, was soll man noch dazu sagen? Erledigt sich denn nicht alles von selbst? Wird nicht das Leben so weitergehen, daß schließlich das ausgedehnte Areal ohnehin an die Staatliche Verwaltung der Schlösser, Seen und Gärten übergeht? Natürlich morgen noch nicht! Bin ich respektlos? Aber muß man denn immer aus seinem Herzen eine Mördergrube machen? Wenn schon diese Mördergrube in Dachau so schön stilisiert ist, daß die Kinder vor dem Verbrennungsofen an Hänsel und Gretel denken, dann sollten die Alten auch nicht unnötig auf Zehenspitzen gehen, vor Ehrfurcht erstarren und sich insgeheim schon auf den Kaffee mit Kuchen danach freuen.

Verflucht nochmal, wir schaffen es nicht, aber geben wir es doch wenigstens ehrlich zu. Man geht dann ins Karmeliterinnenkloster hinüber und erquickt sich an den hinter einer Blendwand vom Tonband singenden Nonnen und wundert sich, warum da ausgerechnet wieder einmal Frauen herhalten müssen, Verbrechen, Elend und Qual abzubitten und abzubeten.

Schöne Kränze sind auf dem Gelände immer niedergelegt. Und wer sich weiterbilden will, kann das auch. Was steht doch in einer Beschreibung der Versöhnungskirche? „Die Nuancierung der Einzeltöne geschieht vorwiegend durch unterschiedliche Dicke der Glasprismen (maximal 10 cm). Brillanz, Relief..." – Halt! Ich komme lieber zum Schluß, sonst wird's zuviel.

Es ist schön, daß d'Leut nicht allein an Allerheiligen kommen, obwohl sich das gut verbinden ließe mit dem Grabbesuch auf dem Friedhof. Sie kommen auch nicht nur zur Feierei. („Nach Auschwitz keine Gedichte mehr", aber Reden!) Du könntest Dich und deine Lehrer-Kollegen auch mal anhalten, klassenweise mit den Kindern das alles anzuschauen; gerade im finsteren Winter. Hoffentlich bist Du dann nicht so ratlos wie ich jetzt.

Es grüßt Dich vielmals Dein Josef

Plädoyer für eine Weihnachtskrippe

Kennen Sie den Standardwitz über den Urlaub im verregneten Sommer? „Wie war das Wetter in Ihren zwei Wochen?" – „Ach, es hat nur die ersten 14 Tage geregnet!" Was soll man unter solchen Umständen, die in Mitteleuropa regelmäßig wiederkehren, bloß den ganzen Tag tun? Beispielsweise kann man – was sonst kein Mensch getan hätte – das Heimatmuseum des Urlaubsortes besuchen, mit seinen Traditionsfahnen, Trachten, Totenbrettern, Hinterglasbildern, Wappen, seinem Kriegsgerät, den ausgestopften Wildvögeln – und geschnitzten Krippen. Diese sind immer ein besonderer Anziehungspunkt, selbst in ärmlichen Dorfkirchen – einem Heimatmuseumersatz –, wo ein großer Glaskasten mit kahler Landschaft und einer kleinen beleuchteten Holzkrippe auch im Sommer die Krippen-Zeit in Erinnerung ruft. Vorläufig bis 8. Dezember zieht für 10 Pfennig oder 1 Schilling ein Franziskaner-Mönch – 18 cm hoch, geschnitzt *und* „kostümiert" – ein Bimmelglöckchen nach den Gesetzen einer simplen Mechanik. Krippe im Sommer mag zunächst eher die Assoziation an den Slogan „Der nächste Winter kommt bestimmt" auslösen als Gedanken an das ferne Weihnachten wecken. Dabei steht gerade Weihnachten immer viel schneller vor der Tür als andere Festtage, weil die Vorbereitungen so viel Zeit und Geld kosten, und Einfälle!

Eine Krippe wäre doch eigentlich ... Aber sie ist nicht mal ein rechtes Spielzeug, und nach dem Dreikönigstag wird sie sowieso wieder weggeräumt, gleich für elf Monate. Wer schnitzt sie überhaupt noch, außer den teuren Oberammergauer oder Mittenwalder Schnitzern? Außer den etwas billigeren Ziller- und Grödnertalern? Immerhin soll es allein in Bayern noch über 200 Krippenbauer geben. Kauft man eine „fertige", z.B. in Oberammergau (Original wood carved), oder eine aus „feinstem Guß" im Devotionaliengeschäft, so hält sie einen Vergleich auch nur mit *einer* einzigen der herrlichen Szenerien des Bayerischen Nationalmuseums in München kaum aus. Aber das muß nicht entmutigen.

Wenn man das Aufstellen einer in vielen Jahren zusammengetragenen Krippen-Gemeinde nicht gerade als Kulissenschieberei im kleinen und mit den Kleinen auffaßt, wird man sich schnell für eine Krippe begeistern können. Und wenn man sie nur will, bekommt man sie auch. Sie brauchte gerade nicht perfekt zu sein.

Es bedarf dabei keiner religionspädagogischen Überlegungen oder eines besonders frommen Herzens. Immerhin kann man bedenken, daß noch in vielen Wohnungen ein Kruzifix aus Holz permanent an den Karfreitag erinnert. Die Geburt des Herrn dagegen wird zwischen dem Posteingang des 22. und 28. Dezember gewöhnlich nur mit den immer gleichen Reproduktionen spätgotischer Kunst auf Grußkarten illustriert. Eine Krippe erschöpft sich nicht in der Funktion, das Mysterium kurzzeitig zu veranschaulichen. Die Versinnlichung der Geburt Christi ist eine Aufgabe der gestalterischen Regie des Bühnenarrangements nach der vorausgegangenen Organisation der Krippe. Die völlige Aufgabe des Gehaltes ließe das Unternehmen sinnlos erscheinen. Selbst einem Atheisten bliebe noch die volkskundliche Betrachtung der mythologischen Futterkrippe, die einheimische Tier-Ammen im Stall umstellen.

Wir dürfen von säkularen Freuden schon bei der Suche nach Wegen der Verkörperung der Figuren ausgehen. In der Schulklasse ist es wohl am einfachsten, schnell zu Hirten und einigen Dutzenden von Schafen zu kommen. In der Familie ist es schon schwieriger, mit Knetholzmasse, Plastilin oder Wachs und mit entsprechenden Stoffresten für die Kleidung bildnernd gut und zügig voranzukommen.

Am schwierigsten ist die Suche nach einem Schnitzer. Aber es gibt noch welche: Studenten der Kunstakademien, Schüler von Gewerbeschulen im Bayerischen Wald, wo man halt mal hinfahren muß, wenn man sich nicht gleich auf die Spur des nächsten Krippenvereins setzt. („Herr Pfarrer, wo werden Ihre Hammelbeine repariert, ich meine die von Ihrer Kripperlherde?")

Nehmen wir an, Sie kriegen zu Weihnachten entweder eine neue Schreibmaschine, die Sie sowieso über kurz oder lang gebraucht hätten, oder statt dessen hölzerne Schafe, einen einmaligen „Heiligen Drei König" mit langem Bart, Glatze und glänzenden, wallenden Gewändern, aus welchen Resten von Cocktailkleidern auch immer geschneidert. Worüber würden Sie sich mehr freuen? Zugegeben, die Frage ist unfair, weil suggestiv gestellt, aber haben Sie nicht nur Angst vor der Aufgabe, eine Krippe zu besorgen und aufzustellen? Oder als Naivling ausgelacht zu werden? Aber bedenken Sie den Spaß, den ein gelungenes, schließlich heimgebrachtes Kamel beschert, auch wenn seine Lippen zu wenig oder zu viel „Maul" haben. Ihr Josephs-Bild wird bestätigt oder korrigiert, weil Ihnen Ihr Krippen-Joseph entweder von Anfang an gefällt oder nie ganz richtig imponiert. Vielleicht haben Sie keinen israelitischen Stalltempel mit Zusatztorbogen, sondern eine oberbayerische Hütte als Bethlehems Stall. Wenn erst das grünblaue Lämpchen der „Hl. Nacht" versteckt glüht, sind sich beide Ställe verwandt.

Flucht in nostalgische Romantizismen? Wo ist der Widerspruch der 2000 Jahre dieser Geschichte zu den Nachbildungen der Weltraumraketen unter den Gaben für die Kinder? Sie jedenfalls sehen keinen unvereinbaren Gegensatz. Beides ist ein Spiel mit einer Einheit von Realität und Symbol.

Alle Jahre wieder

Ernster Teil der Weihnachtsfeier:

Der Hundeverein bereitet
allen lieben Mitgliedern
seiner wie immer
zahlreich erschienenen Familie
als ersten Ohrenschmaus – das Wolgalied.
Dreizehn- bis fünfzehnjährige
Harmonikaspielerinnen
ziehen und quetschen Soli,
inmitten auch der Gönner und Freunde,
Nachthemdchen-Engel schnaufen
frisch gebackene Reime,
dürfen Kerzen auf den Tischen so
anzünden,
daß kein Flügelchen anbrennt.
„Stille Nacht, heilige Nacht…"
Flüsternd, ganz leise
„… einsam wacht…"
„2 Bier, ja?"
Lüftung auf Stufe III!
Kinder ziehen Pullover aus.
Ohne Rute beschert
der Weihnachtsmann,
Knecht Ruprecht scheint schon lange tot,
ein Kind weint dennoch.
Es weinte schon zum Chor:
„Ihr Kinderlein kommet …"

– Pause –

Zweiter, heiterer Teil:

Drei Sorten Würste und dann Prinzregententorte!
„Wer hat die Liebe uns ins Herz gesenkt?"
Weißbier-Zwischenlage für die Fünf-Mann-Band.
Rotkäppchen und Kamerad Hund:
milde Gaben für arme Rentner-Hunde.
„Von Apfelblüten einen Kranz",
(gesungen von Herrn Jung.)
Achtung! Die Kellnerin schaltet gleich
die Baumbeleuchtung ab.
Letzte Foto-Lämpchen verblitzen!
„In einer Mondnacht im April."
Ein voller Erfolg bahnt sich an.
„Ein Walzer zu zwei'n!"
Ahh! Die Waschmittelverlosung:
Wo keine Großpackung, da ein Trostpreis!
„Immer nur lächeln, immer vergnügt!"
Wer in der Pause ging, der wird es noch bereuen.
Sportnachrichten wie immer
im Nebenzimmer.

Friedhof

Betriebspsychologen meinen, daß es Firmen mit männlichem bzw. weiblichem Gepräge gibt. (Bei der „weiblichen" Firma werden z. B. die Arbeitszeiten großzügiger eingeteilt, gibt es viel Kaffee und Kuchen und stehen mehr Blumen als sonstwo herum.) Wenn man will, kann man alles klassifizieren. Analog läßt sich meinen, daß es auch Friedhöfe gibt, die einen patriarchalisch-finsteren Eindruck machen, auf denen aller Blumenschmuck, zwanghaft und exakt gereiht, Marschkolonnen der Begonien bildet; oder Friedhöfe, die wie für Gäste dekoriert sind, wo fein säuberlich immer wieder eine Hand trockene Fuchsienblüten für den Abfallhaufen auszupft. Die meisten Friedhöfe sind heute undefinierbar monoton angelegt.

Es gibt in der Volksschule kein Thema, das im November mit größerer Zuverlässigkeit wiederkehrt als der obligatorische „Gang zum Friedhof", und kurz vor dem Totensonntag der zum Kriegerdenkmal, das an die „Würde und den Adel" der Kriegsgefallenen glauben lassen soll. (In Wahrheit reizt es zum Gähnen, weil der 365. Tag seit dem letzten nichtssagenden, wenngleich vielleicht ebenso pathetischen Besuch nichts mehr rettet.) Man sollte den Kindern die sozusagen „allgemeinen" Friedhöfe dieser Welt zeigen können, weil gerade die anderen die gewöhnlichen sind.

In der Zeit der Reife kommt mit der ewigen Frage nach der Liebe auch die nach dem eigenen Tod. Augenfällig ist gerade der fremde Friedhof, den wir – weil ungewohnt – nicht übersehen, der uns durch die Verfremdung sogar überfordern kann: Verdun z. B., dieses steinkalte Monument eines grausamen und sinnlosen Tötens des Bruders auf dem Schlachtfeld (in des Wortes makabrer Bedeutung). Inzwischen zeigt der Touristenrummel um das Fort Douaumont mehr noch als die maschinenhafte Reihung der Kreuze die Vergänglichkeit des Gedenkens, das letztlich nur mehr ein prickelnder Schauder der Überlebenden an einer Versammlungsstätte der Toten ist. Die Vorstellung von der Unsterblichkeit ist der Kampf gegen das Vergessen des eigenen und anderen „Gesichts“, das mehr ist als Angesicht, nämlich der ganze, bestimmte eine Mensch.

Die Fluggäste, die in den Kennedy-Airport in New York einfliegen, streifen für einen Blick einen der größten Friedhöfe dieser Erde, bei dem man das Gefühl haben kann, daß dort die Toten ordentlich aufgehoben sind, nachdem ihnen noch durch die show der Beerdigung ein Schuldbekenntnis der Hinterbliebenen zuteil wurde. Bei dieser Abrechnung stellt sich bereits ein Abstand ein, zu den Toten und zum Friedhof.

Katakomben, besonders in Italien und Spanien, sind grauenerregende „Geisterbahnen“ für fröstelnde Touristen, besonders wenn die Toten als „schlafende“ Skelette in Mönchskutten herumsitzen. Die Erscheinung ist so gespenstisch, daß die Phantasie nicht zur Ruhe kommt. Ein sinngemäßer Denkanstoß stellt sich erst dort ein, wo die Auffälligkeit die richtige Dosierung hat. Das ist vielleicht bei den Totenbrettern der Fall, die nordostbayerische Wallfahrtskirchen zieren, oder angesichts der oberirdischen Sarkophage auf dem Johanniskirchhof in Nürnberg, oder bei der Bewunderung der schmiedeeisernen Grabkreuze im Chiemgau, in Kappl in Tirol oder in Galtür. (Unser letztes Beispiel zeigt, wie leicht sich eine ästhetische „Verfehlung“ des Themas Friedhof anbahnen kann. Es gibt auch eine politische, z.B. auf dem Highgate-Friedhof in London vor dem Grab von Karl Marx oder im Zuge einer diplomatischen Mission zum Grabmal irgendeines „Unbekannten Soldaten“.)

Der für mich denkwürdigste Friedhof liegt im Herzen von Prag. Zu Kaisers Zeiten, von der Gotik bis zur Spätrenaissance, war das dortige Getto eines der geistigen Zentren der abendländischen Welt. Der Sandsteinkasten mit seinen klassischen Fronten für den Rabbi Löw wird seither umdrängt von Hunderten von spitzgiebeligen Grabsteinen, die keinen Flecken Erde freilassen. Unverändert lagert dieses Bild einer Schafherde seit zwei Jahrhunderten. Keiner kennt die genaue Zahl der Toten, die Unübersichtlichkeit ist perfekt, die Namen in hebräischer Schrift sind fast alle unleserlich geworden. Der Kontrast aber zu der Gedenkstätte, in der namentlich 77000 Prager Juden aufgeführt sind, die von den Nazi-Schergen ermordet worden sind, ist nur vermeintlich, denn da und dort sind Namen. – Mit Löw sind wir am Ort der Sage von Golem, dieser Ausgeburt des maßlosen Selbstbewußtseins der Naturwissenschaftler der Renaissance. Golem bleibt ein Un-Mensch, weil ihm ein Leib fehlt, den er von seinen Eltern hat. Er kann nicht „aus freien Stücken“ leben – bis zum Tode.

Archetypen-Jubiläum

Das gute alte Kasperle-Theater kann als moralische Anstalt gelten. Da es sich im Spielfilm mit etwas erweiterten Mitteln fortsetzt, ist er für die Großen ein fast unerschöpfliches Reservoir dramatisierter Archetypen. Durch ihre Zeitlosigkeit haben diese freilich immer und nie Jubiläum. So kann nur an Jahre erinnert werden, als bestimmte Versionen der Urbilder-Verwertung kulminierten. Im Gegensatz zu den Archetypen selbst können ihre modischen Einkleidungen in Vergessenheit geraten.

1951 erhielt die BRD ihr erstes Jugendschutzgesetz. Als Ausgleich für das, was die Kinder seither nicht mehr ohne Herzklopfen sehen können, sollten zunächst vor allem „lebenskundlich" verzierte Jugendfilmvorstellungen dienen. „Tier und Kind" sind inzwischen auf der Mattscheibe beheimatet. Die alten Archetypen sind also nur umgezogen, ins Kinderprogramm.

BAMBI

Richtig:
Kindern sind Tiere wichtig.
Welch eine Lehre, dies Verhältnis!
Ein Produzent greift ins Behältnis
und holt heraus
ein Tier – ein Reh.
Jedoch, es zittert ach so sehr,
hat ja keine Freiheit mehr.
Oh jeh!

Den Film zu scheuen scheint es.
Warum nur, ach warum?
Ich werd' verschnitten, weint es,
das Reh (das gar nicht dumm),
auf vielen Bildern bald,

Take: „äsend vor dem Wald“,
und das nur so là là,
als Ausputz hier und da,
ach ja, ach nein, ach ja.

Ach nein, doch, spricht der Produzent,
Du liegst mir näher als mein Hemd.
Kommst du auch vor nur „en passant“,
du wirst doch immer gleich erkannt.
Man will dich einfach wiedersehn
am Waldesrande lieblich stehn.
Und schau, die Kinder machen „ah“,
und dazu bist du da!

Trotzdem langt's hint' und vorne nicht.
So muß noch her ein Räuber-Wicht,
die holde Fee, der Hexe Gicht,
eine Moral von der Geschicht',
gereimt als kurzes Sinngedicht.
Wer weiß das nicht?

Opas Kino ist auf dem Bildschirm nicht umzubringen. Es gibt es, wie gesagt, auch literarisch gefaßt, des weiteren zu kaufen. Vielleicht ändern sich die Bilder, wenn Opa Urgroßvater wird?

Vorsicht – Frisch gestrichen

Personen der Handlung: Landpfarrer M. und Werkstudent N. N., verdient sich sein Geld u. a. durch das Renovieren von Feldkreuzen mit Schwarzmarktfarben.

Ort der Handlung: Dorf in Altbayern, Donaunähe.
Zeit der Handlung: 1947, Hungerjahr vor der Währungsreform, strahlender Sommermorgen.

Pf.: „Ich sehe ja ein, daß unsere Christuscorpora in einem schauderhaften Zustand sind. Aber ein Pfund Geräuchertes und zwanzig Eier für einen neuen Anstrich scheinen mir schon ein bißchen viel zu sein."

St.: „Sie müssen aber doch bedenken, daß Ölfarben, in Worten: Öl-Farben, Fett kosten. „Ohne" kriegen Sie den Rost nicht runter. Eine neue Stahlbürste kostet allein zehn Eier und zwanzig Mark."

Pf.: „Na gut, ich bin einverstanden. Aber alle drei Stück müssen abgeschraubt und mit Mennige grundiert werden. Wann wollen Sie es denn machen?"

St.: „Meintwegen sofort. Ich habe alles dabei. Mit der ersten Figur können wir bis Mittag fertig sein. Kommen Sie mit?"

Pf.: „Ja, ich gehe mit. Dann brauche ich am Nachmittag keinen Spaziergang mehr zu machen."

Szenenwechsel (400 m vom Dorf entfernt, an der Abzweigung des ersten Feldwegs von der Landstraße. Die betroffene Figur aus Gußeisen ist bereits mit Mennige rot vorgestrichen.)

Pf.: „Ich bin gespannt, wie das mit den Farben bei Ihnen weitergeht."

St.: „Da muß ich Sie leider etwas enttäuschen. Die Fleischfarbe hab' ich schon fertig dabei. Der hellblaue Topf ist für den Schurz, der braune für die Dornenkrone und Mennige fürs Blut."

Pf.: „Das ist nicht gerade einfallsreich. Haben Sie denn kein Gold? Sie als Student könnten übrigens wenigstens „Lendentuch" sagen."

St.: „Für Gold müßten Sie schon noch ein halbes Pfund Butter dazulegen."

Pf.: „Sie haben ja Wahnsinnspreise. Bitte, lieber ohne Gold!"

St.: „Sie sind doch ein kunstbeflissener Mensch. Mir ist da zur besseren Veranschaulichung etwas eingefallen. Den konventionellen Anstrich vermeiden wir."

Pf.: „Was soll das heißen? Sie können doch am Feldkreuz nichts modifizieren."

St.: „Doch! Wir könnten Christus mal in den Komplementärfarben anmalen. Ich hab' sie zwar nicht dabei!"

Pf.: „Was soll dieser blasphemische Quatsch?"

St.: „Stellen Sie sich doch mal vor: Körper hellgrün, Lendentuch gelb, die Wunden dunkelgrün und den Dornenkranz dunkelblau. Wie bei einer unentwickelten Farbphotographie. Die Leute wären entsetzt. Aber meinen Sie nicht, daß es schließlich ihr Christus sein könnte? Es wär' dies doch ein Schlag gegen den trivialen Naturalismus in Farbe und Religion. Ein Anknüpfungspunkt für den tieferen Sinn wäre die Farbe durch den Schock, den sie auslöste."

Pf.: „So schlecht ist Ihre Idee eigentlich gar nicht. Aber wir wollen doch unser Christusbild nicht verstellen."

St.: „O.K.; erneuern wir das Inventar – für die ausgebrochenen Friedenszeiten. Auf geht's! Vorsicht – Frisch gestrichen!"

Die Sammler

Das Alphabet der Sammler reicht von Auslassungen über Sammlerkulturen bis zur Zuckerstückchensammlerin, die am liebsten alle Cafés dieser Welt besuchte – um Erinnerungsstückchen in immer mehr Büchsen zu deponieren. Konservierend-konservativ wird beim Sammeln ein überschaubares Resultat angestrebt, das einen Gegensatz zur zerstreuenden Welt einbringt. Die Ernte, der Ertrag drängen auf Bewahrung: Bucheckern, sackweise, wollen aufgehäuft und später eingeteilt sein; Briefmarken, in Komplettierungsalben, dürfen nicht naß werden. Zuwachs und Verlust werden bei allem Gesammelten fortlaufend registriert, gemessen und abgesichert.

Kindheit und Schule haben einen natürlichen Bezug zum Sammeln. Die Anhäufung von Detailwissen in der Vorpubertät korrespondiert durchaus mit dem geheimen, unausrottbaren Hang zur lexikalischen Wissensanreicherung. Immer mehr, immer gepflegter: Mit dem Sammeln und Ordnen von Erfahrungen, Dingen und Gütern begannen Wissenschaft und Wirtschaft.

Das eminent pädagogische Element des Sammelns liegt in der Qualifikation des Quantifizierbaren, anders ausgedrückt: Wer nicht nur stapeln und raffen will, muß unterscheiden lernen, über die Sammelstücke hinaus.

Das ist eine unaufhebbare Spannung: die zwischen der Offenherzigkeit des Kindes, das, weltzugewandt, doch seine Hosentaschen füllt, und dem sich zunächst verschließenden, aber zugleich aufbrechenden Jugendlichen, der die Äußerlichkeit überlieferter Ordnung versuchsweise oder tatsächlich für seine Zukunft sprengt.

In einem vergessenen Film von Karl Valentin, dem Münchner Komiker und Volksphilosophen, tritt dieser kurz als Briefmarkensammler auf, der sich auf dem Tisch eine genaue Übersicht über seine Schätze geschaffen hat. Ein plötzlicher Windstoß zerstört jedoch die Sammlung gründlich, so daß alles verloren zu sein scheint. Alle Sicherheit ist trügerisch, Gesammeltes ist stets gefährdet.

Es gibt Leute, die sammeln „Noten“ für Warentests; ihre Konsumberatungszeugnisse teilen genaue Zensuren aus. Nehmen wir den Fall Sammeln von „Indexziffern für Gaststätten, Wirtschaften und Restaurants". Ich ziele nicht gleich auf einen Baedecker für vornehme Hotels oder Vertreterunterkünfte oder meine den berühmten „Guide Michelin" für Schlemmer. Speiselokale lassen sich jedoch einschätzen nach 1) Qualität des Essens, 2) Preiswürdigkeit, 3) Freundlichkeit der Bedienung, 4) Atmosphäre und 5) Parkmöglichkeit. (Trinken ist ein anderes Kapitel. „Wo der Biergenuß am stärksten ist, findet man die mangelhafteste feste Nahrung", meinte ein Professor Haushofer aus Bielefeld anno 1900 über Oberbayern.) – Die Durchschnittsnote aus den einzelnen Schätzungen verrät ziemlich untrüglich, wenn sie (bei Ziffern zwischen 1 und 10) unter 5 liegt, mit wem wir es zu tun haben. Die Reflexion schützt ganz einfach vor Enttäuschungen. Das Spiel macht freilich wenig Spaß, wenn ein größenwahnsinniger Oberkellner (siehe 3!), im Gesellschaftsanzug, hohe Rechnungen (siehe 2!) versteckt überreicht und so auf den Index drückt. In einigen Jahren kann man leicht auf eine Sammelliste allein von ein bis zwei Dutzend Brauereigärten und Jausenstationen kommen, die „im Rennen liegen" (ohne daß sich schließlich praktisch mehr als zwei oder drei Stammlokale herausschälen.)

Der Ruhm der Welt wandelt sich, selbst die Wirtschaft ist nicht davor gefeit, daß ihre Besucher nicht in eine Krise gestürzt werden, die alle oben geschilderte Sammelei von Richtzahlen schlagartig vergessen läßt. Wenn z.B. in einem berühmten „Bräuhaus", wie die Amerikaner sagen, eine angetrunkene Kellnerin ausfällig und beleidigend wird, weil sie „angestochen, aus dem Leim oder der Façon geraten" ist, sich nicht mehr kennt, „den ganzen Rotz hinschmeißt" und einfach ordinär wird, dann könnte nur ein Schwachsinniger noch die Indexziffer 0 konstatieren. Für jeden anderen herrscht „Aufbruchstimmung".

So kommt schließlich vor jedem Sammeln immer erst wieder und je neu das Sich-Sammeln, so wie es nach dem immobilisierenden Sammeln kommen muß.

Quantophrenie

Der Berliner Generalsekretär Johannes Tews hielt am 12. Mai 1911 in Posen vor der Hauptversammlung des Deutschen Vereins für Knabenhandarbeit einen Vortrag, worin er die erziehliche Knabenhandarbeit in ihrer Bedeutung für die deutsche Volkswirtschaft untersuchte. Er machte folgende Rechnung auf:

„Im Jahre 1895 wurden in den deutschen Werkstätten, in der deutschen Industrie, nur in etwa 66000 Betrieben Motoren verwendet, die zusammen 2 1/4 Millionen PS hatten – dabei sind ausgeschlossen die Eisenbahnen, Schiffe usw., also der gesamte Transport; also nur die stehenden Werkstätten kommen in Betracht –, im Jahre 1907 waren Motoren in etwa der doppelten Zahl von Werkstätten, in 128000, in Gebrauch, und diese Motoren hatten 6 1/2 Millionen PS, waren also auf die dreifache Leistung gestiegen.

Solche Zahlen sprechen sich sehr leicht aus. Man rechnet gewöhnlich nicht nach, was das heißt: 6 1/2 Millionen PS sind 8 mal 6 1/2 Millionen Männerstärken, das sind 52 Millionen Männerstärken. Nun kann aber die Maschine den ganzen Tag, 24 Stunden, der Mensch aber nur 8 Stunden arbeiten. Man muß also, um die wirkliche Leistungsfähigkeit zu erhalten, die Zahl von 52 Millionen nochmals mit 3 multiplizieren und kommt dann auf die stattliche Ziffer von 156 Millionen Männerstärken. Was also unsere Motoren in den Werkstätten an schwerer Arbeit auf sich genommen haben, das konnten, wenn überhaupt die technische Möglichkeit bestünde, 156 Millionen Männer eben ausführen. So viel Sklaven haben wir heute in unserem Dienst!“

Die hier auf Quantität reduzierte Kraft des Mannes zeigt etwas vom Wesen der Quantophrenie, nämlich die Spaltung im Verhältnis zu den Dingen durch die Überbewertung der Zahl, zum Schaden der komplexeren, qualitativen Gegebenheiten. Ein Mann wird dem anderen gleichgesetzt. Dabei ist der Mann primär nur physisch gemeint, sonst hätte ja auch von „Herren“ die Rede sein können.

Die Unvergleichbarkeit von Mensch und Maschine erweist sich

bereits an dem Computer CD 7600, von dem gemeldet wird, daß er pro Sekunde mehr als 13 Millionen zehnstellige Zahlen addiert. Das Leistungsvermögen dieser Maschine entspräche, pro Arbeitstag, dem von – sage und schreibe – 200 Millionen Angestellten, die sogar mit Tischrechenmaschinen rechnen könnten.

Man mokiere sich nicht über das ausgefallene Beispiel des Herrn Tews. Grassiert nicht die Quantophrenie in den Schulen, wo den Zensuren eine Objektivität zugeschrieben wird, die sie niemals haben können? Der Kandidat, der mit der Note 2,47 auf Platzziffer 133 weit zurückliegt, gewöhnt sich rechtzeitig daran, Zahlen generell auf Kosten der Person zu überschätzen. Fünf Wochen Krankenhausaufenthalt der Schülerin oder des Schülers bedeuten, daß in $2^1/_2$ Monaten zusätzlich zu den laufenden Schulaufgaben und Extemporalen acht weitere nachzuschreiben sind. Selbst in der Lehrerbildung ist Stunde nicht gleich Stunde: Wo der Künstler mit den Studenten nur übt, statt daß er „liest“, können ihm nur $^2/_3$ auf sein Stundensoll angerechnet werden.

Der Vierte im Olympia-Rennen, eine Hundertstelsekunde langsamer als der Dritte, ist bestenfalls noch eine Tragödie für ein kleines Land, das er als Favorit vertritt, denn er zählt schon nicht mehr in der Liste der Sieger.

Zuerst aus Dänemark und inzwischen auch aus der BRD kommt die Kunde, daß jeder Bürger seine Computernummer bekommen soll. Dieser Vorschlag wird sicher bald weltweit Furore machen. Sie, lieber Leser oder verehrte Leserin, sind dann eines Tages Weltbürger(in) Nr. 2937465318. Das mag aus statistischen Gründen sogar ganz praktisch sein. Aber weder diese genaue Erfassung noch die Zahlenmagie der Kabbala verlangen, daß man sich der Regentschaft der Zahl unterwirft, indem man diese zum absoluten Maßstab erhebt. Das ist aber oft genug der Fall, z.B. dort, wo für Prüfungsarbeiten bestimmte Seitenzahlen verlangt werden, wo ein gewisses Quantum von Veröffentlichungen obligatorisch ist, um eine Stufe in der Gehaltsleiter eines Geistesarbeiters weiterklettern zu können. (Dabei hat Lichtenberg schon spöttisch genug gesagt: ein Hundsfott von Wissenschaftler, der nicht in der Lage ist, über einen Kirschenstiel einen Folianten von 500 Seiten zu schreiben.)

Unser eingangs zitiertes Beispiel ist schon ein Ausblick auf die vermessenen Unmöglichkeiten in den Ansätzen der Rechenmaschinensteuermänner. Dieses Jahrhundert perfektioniert das arabische Zahlensystem durch Reduzierung auf wenige Schlüsselziffern. Jetzt gilt es, auf der Hut zu sein und zu unterscheiden zwischen dem nützlichen Gebrauch der Zahl und der vergötzten Zahl selber, die eine Fratze trägt, die in den Hirnen ein Dämon wird, dem man einräumt, alles nach Belieben zu zermalmen, selbst Regierungen, welche die Proporzarithmetik lähmt.

Die Größe der Zahl führt zu unverhältnismäßigen Entlohnungen und Strafen. Der Star wird mit Hunderttausenden überhäuft wie der Sportchampion (denn unsere Archetypen sollen strahlen). Die Angemessenheit der Geldstrafen andererseits erweist der Gerechtigkeit oft einen schlechten Dienst, eben durch falsche Relationen: Überqueren einer Kreuzung bei „spätem Gelblicht" = 40 Mark Bußgeld „wert", bei Schaden „entsprechend" mehr. Aber hier ist leicht zu hadern. Der moralische Schaden ist auch nicht durch zusätzliche 2 Stunden Verkehrserziehung wettzumachen. Die Psychologisierung unseres Strafrechts führt immerhin dazu, daß die „Aufrechnung" peripher wird und nicht mit „Hochrechnungen" der Wahlen verglichen werden kann.

Zahlenwahn verriet die Teildisziplin Jugendschutz, wenn sie – unqualifiziert – die Schandtaten, etwa eines Films, zählte. (In „Hamlet" nach 50 Minuten 7 Tote.) Wie nimmt „Reife" ab 6, ab 12, ab 14, ab 16, ab 18, ab 21" zu? Ist es zuverlässig, wenn wir übergenau „feststellen", daß 34% unserer Erfahrungen aus dem Fernsehen stammen? Das volle Menschenleben liegt so schließlich deutlich vor, hinter oder neben uns, wohlaussortiert wie eine Ware, gesichert durch den Panzer der Zahl, vereinfacht durch das (Er-)Lösungsmittel Zahl.

Folgen der Neugier

Was man nicht alles wissen sollte! Vom Knabenjahrbuch „Der gute Kamerad“ bis zu den „gefüllten Ecken“ der Sonntagsblätter werden wir mit der Frage traktiert „Wußten Sie schon, daß ... ?“ Meistens hatten wir dann in der Schule nicht gelernt, daß Zwiebeln bei Seefahrern das beste Mittel gegen Skorbut gewesen sind, daß der Mond 3,2 Milliarden Jahre alt ist, daß das geschlagene Schiff die Flagge auf Halbmast setzt, damit der Sieger seine darüber flattern lassen konnte. Und doch läßt niemanden die Frage „Wußten Sie schon, daß ... ?“ kalt. Die Antwort könnte wichtig sein. Zumindest interessant: Wußten Sie schon, daß das giftigste Reptil die Seeschlange ist, daß am Kochelsee Seeadler überwintern und die Wissenschaft vom Küssen Oskulogie benannt wird! So lassen wir uns immer wieder alarmieren. Das Wörtchen „schon“ tut ein übriges, verheißt es doch, daß der Leser angeblich in den neuesten Stand der Dinge und Entwicklungen eingesetzt wird – oder daß Grundvoraussetzungen angereichert werden sollen, wie wir das von der Schule her gewöhnt waren. Es ist ein Initiationsritus der Aufklärung am Werk, die Neu-Gier erfaßt uns um so leichter. Lockte die Neugier den Menschen nicht mit heftigen Reizen, meinte – natürlich – Goethe, erführ' er (und sie) wohl je, wie schön sich weltliche Dinge gegeneinander verhalten?

Die Neugier ist eine lebenserhaltende Gier wie die „Freßgier“, denn der Neugierige „frißt“, was ihn „stärkt“. Dieses Bild stimmt aber nur teilweise. Es ist ja nicht so, daß wir immer gesättigt werden. Im Gegenteil. Es gibt Nachrichten, die unsere Neugier nur scheinbar stillen und uns erst recht hungrig machen, also in Wirklichkeit Aktivitäten wecken, die vorher nicht da waren. Hier zeigt sich ein Zusammenhang von Neugier und Bekümmerung, von Neugier und Interesse. Wir können aus Tat-Sachen und Informationen, die uns übermittelt werden, Konsequenzen ziehen, denn da wir mehr als zuvor wissen, können wir entsprechend handeln – diesmal nicht den Erwartungen, sondern den Informationen entsprechend. Es stellt sich jedoch bei näherem Zusehen heraus, daß unsere Neugier freier, schrankenloser flottiert, als wir das zunächst glaubten. Wir Menschen sind jedenfalls nicht davor gefeit, zu guter Letzt die Neugier zum Selbstzweck werden zu lassen. So verbinden wir mit den erhaschten Informationen und dem gewonnenen Wissen – keine Entschlüsse.

Man sieht das Wissen zusammen mit der Weisheit, die Hand in Hand geht mit der Erfahrung und leider auch mit übernommener „Haltung"; „leider", weil „Haltung", die man annimmt und womöglich zur Schau trägt, statisch ist. Sie stärkt einem das Rückgrat. Man steht fest auf seinem Standpunkt – und kann nicht anders. Die mit der Gewißheit verschwisterte Weisheit kann uns zwar Einblicke schenken, aber sie verlockt uns, einmal gewonnen, doch auch, uns zurückzuhalten; so wird sie eine Tugend des inaktiven Alters.

Ihre entwicklungspsychologische Rolle ist unverkennbar, so gern man die Neu-Gier auch diffamiert oder zumindest in ihrem Wert unterschätzt. Wie leicht wird versäumt, trotz des Impulses der Neugier, oder gar gegen ihn – Sachen gebührend „nachzugehen". So wird die Schule zum Töter der Neugier auf Wissen, denn was sie für überflüssig hält, kann Fülle sein.

Verräterische Bilder

Es ist freilich nicht so einfach mit der Psychodiagnostik. Aber sage mir, welche Metaphern du verwendest, und ich sage dir, was für ein Erzieher du bist! Wer da herumharkt, pflegt, beschneidet und warten kann, der ist so recht ein Gärtner, der wachsen läßt. Wir kennen auch den Bildhauer als Künstler und erfolgreichen Handwerker. Mister Pygmalion Higgins schafft sich seine My Fair Lady, bis sie – ein angestrahltes Denkmal – glänzt und von der großen Kunst ihres Herrn und Meisters kündet. (Daß er schließlich an his fair lady Freude hat, ist ihr Verdienst.)

Unbestreitbar kann der Mensch als Naturwesen von einem Human-Engineer wie Stoff gedrillt werden. Ebenso wird der Mensch als Geistwesen nicht einfach von „Idealisten" als der andere akzeptiert, mit dem sich reden läßt. Dieser ist nicht mehr aus Fleisch und Blut; er ist für den Idealisten „zu Höherem" bestimmt, zum Schöpfer seiner selbst.

Vor allem ist der Mensch keine Münze, die „geprägt", kein Gußmodell, das „geformt", kein Pferd, das an die Kandare genommen, gezügelt, angespornt oder gezüchtigt wird – zwischen Peitsche und Stock besteht kein prinzipieller Unterschied. Der Vergleich der Menschen mit Pflanze und Tier, seine Verdinglichung geht einher mit der Erhebung der Dinge zu Lebewesen. Die Kriegsmaschinerie z.B., für die der Mensch durch den Mitmenschen „geschliffen" wird, wird umgekehrt personifiziert. Jagdbomber fletschen so lange Haifisch-Gebisse, solange sie damit Schrecken verbreiten können. Der neueste Panzer heißt „Panther", der letzte des Zweiten Weltkriegs sollte einem „Leoparden" vergleichbar sein. Es gibt ihn heute wieder, und er hat den gleichen Namen.

Auch ein System der Pädagogik kann durch die Analyse der den Urhebern vorschwebenden Bildvergleiche entlarvt werden, es sei denn, schiere Phrasen nebeln uns so ein, daß wir uns nur noch in einer Waschküche wähnen. Die Aufgabe heißt: den Begriff beim Wort und die Metaphern bei ihrer Bildhaftigkeit zu nehmen, noch einfacher: die Bilder zu stellen, und das, was sie aussagen, ernst zu nehmen. Das sei an einem Beispiel demonstriert, wobei nicht verschwiegen sei, daß jeder viel einfach so dahinsagt, was er gedankenlos übernahm, weil kein Mensch sich pausenlos kontrollieren kann. Der gescheiteste Kritiker des heutigen Bild- und Wortschatzes, der klügste Kenner der Alltagsgrammatik, beide illustrieren unfreiwillig ihre eigenen Analysen. Aber zuerst wird diese Tatsache derjenige feststellen, der diese Fallen kennt und gewitzigt um so genauer unterscheiden kann.

Besonders beliebt sind kriegerische Bilder: Verheerungen im sittlichen Bewußtsein, Durchbruch neuer Grundsätze, entstandene Lücken schließen (nämlich dort, wo bei den in breiter Front vorgehenden friederizianischen Soldaten „Ausfälle auftreten"), neue Kampfansage, Einsatz und Vorstoß, Demontage – etwa der Grundwerte, eiserner Widerstand, Standfestigkeit, Blindgänger und Draufgänger.

Durch die Presse ging vor einigen Jahren die Stellungnahme eines katholischen Chefredakteurs zu den „Auswüchsen" der Illustriertenpresse. („Ins Kraut schießen" gehört allerdings zu den seit Rousseau gebrauchten naturalistischen Bildern.) Der Appell faßte zusammen, worum es ging, nämlich, den „Vormarsch einer gewissen Urwald-Moral aufzuhalten und zurückzudrängen". Was kann das heißen?

Eine „Urwald-Moral" findet sich bei Populationen, die in den letzten abgeschiedenen Reservaten sich verstecken, wie etwa die Pygmäen. Als solche haben sie eine „gewisse" Moral, wenn wir unterstellen, daß damit eine „bestimmte" gemeint ist. Angedeutet wird aber, mit drohendem Unterton, daß die gemeinte Urwald-Moral auf jeden Fall negativ zu bewerten ist, ja daß zurückgeschlagen werden muß, weil sie sich auf dem Vormarsch befindet. Vormarsch wiederum ist nur straff organisierten, logistisch versorgten Heeren möglich, die präzisen Eroberungsplänen folgen. Große Gebiete sind dem Feind bei jedem Vormarsch bereits ausgeliefert.

Fest steht, daß Urwald-Moral und Vormarsch zusammenpassen wie das heiße Eisen, das wir zu unserem An-liegen machen sollen, zu „Ausfällen, die auftreten". Urwald-Moral mit streng eingehaltenen Riten, Tabus, Sitten und Gebräuchen unterscheidet sich jedenfalls deutlich von der Moral unserer demokratischen Gesellschaft, die auf ihre unbegrenzten Möglichkeiten stolz ist. Die angebliche Unmoral sogenannter Primitiver muß zur Abwertung der als verfehlt beurteilten Produktionen der Redakteurskollegen einer „gewissen", d.h. ausdrücklich im Ungewissen belassenen und damit pauschal angegriffenen, Illustriertenpresse herhalten. Deren große Blätter stehen in scharfer Konkurrenz, bei der es um Millionen einzelner Käufer von Millionen einzelner Nummern der jeweiligen Auflage geht. Die „Okkupation" hängt vom Willen – oder auch der Willfährigkeit – schlichter Käufer ab. Der bildhafte Vergleich erweist sich als zu bombastisch, als falsch adressiert und sogar als irreführend, weil er zur Erkenntnis der wirklichen Zusammenhänge nichts beiträgt und Einsichten durch Verschleierung zusätzlich erschwert. Er ist dazu bestimmt, „scharf"-zumachen und Gefolgsleute aus dem „Boden zu stampfen", die dann ins „gleiche Horn" stoßen sollen.

Grüß' Gott!

(Zweite Unterrichtseinheit über Grußformen, Grußarten, Grußweisen:)

„Gott zum Gruße, liebe Kinder!“
„Grüß Gott, Herr Lehrer!“
„Hinsetzen! Wir wollen im Kapitel ‚Höflichkeit‘ fortfahren.
In der Abendschau grüßen seit jeher und täglich einander
Regierende mit Reden von Flugzeugtreppe oder Bug. Turbinen
heulen dazu, auch wenn der Dolmetscher übersetzt.
Das ist der Fernsehgruß der ganzen Welt!“
„Einstens grüßte man mit deutschem Gruße
warum eh, nun nicht mehr?“
„Am deutschen Wesen, scheint's,
will niemand mehr genesen?“
„Selbst wenn uns jemand überfährt
– weil er nicht acht gab –,
so bleibt er danach doch
voll Hochachtung,
im Schreiben des Rechtsanwalts.
Achtung allein wäre zu wenig – nachher.“
„Immerhin hat das gelbe Licht der Ampel
mit unseren Briefschlüssen
den Wortteil ‚Achtung‘ gemein.“
„Salve sagen und eine abgeben
läßt sich übrigens auch vereinbaren.“
„Was gibt es noch?“
„Sagt jemand: Grüß Gott und 1 kg Mehl bitte!
so führt er Gott leichtfertig im Munde.“
„Man soll aber Gott überhaupt nicht führen wollen,
erst recht nicht im Munde.“
„Ein anderes Beispiel des Grußes:
Ein Mann führt seine Frau aus.

Bekannten geben sie zum Gruß die rechte Hand.
Wer weiß warum?"
„Sie überzeugen sich, daß die anderen
in der Kampfhand keine Waffen haben."
„Sehr gut!"
„Da ist es doch viel zutraulicher, Herr Lehrer,
wenn sich die Eskimos die Nase reiben.
Aber diese Grußform ist primitiv, sagt man."
„Vielleicht sind die Eskimos nur zu faul,
in der Kälte die Handschuhe auszuziehen."
„Es gibt noch andere Stammesgrüße,
wie ‚Servus'."
„Man stellt fest, daß man ein Diener ist,
nämlich einer dieser Lautmalerei,
welche Bildung und Gefühl vereint."
„Habe die Ehre! sagt, wer auf dem Weg
vom und zum Bier ist."
„Biere und Ehre, wem sie gebühren!"
„Setzen!
Merke: Wenn das Grüßen auch schwerfällt,
so wollen wir es doch pflegen
und unsere Demokratie durch Höflichkeit ehren."
„Heil dir im Siegerkranz – ist altmodisch.
Aber ‚heil dir' hört man wieder."
„Den Siegeskranz freilich,
den gibt's wohl nur noch beim Turnfest.
Ach Jahn, ach ja."

Kritik: Zu systematisch! Eine dritte Unterrichtseinheit wäre vorzusehen. Sie müßte allerdings thematisch ganz anders verlaufen. Vor allem wäre den Kindern zu vermitteln, daß es zu wenig, aber auch zu viel Höflichkeit in der Welt geben kann – und fabrizierte Liebenswürdigkeit entlarvt werden muß. Merke: Weg mit dem Zwang im Umgang! Schert euch nicht um die Floskeln derer, denen ihr gleichgültig seid! Kunstvolles Angelächeltwerden und Zurückdienern ist nicht „Liebens-Würdigkeit". Liebens-würdig ist nur der, der uns nicht die Zeit stiehlt. Freilich, Kinder, ist das Grüßen vorwiegend ein Problem des mittleren Alters, für die Leute, die was sind und ihre Ehre „angemessen" benötigen. Staatsgäste bekommen sie ehrenkompanieweise zugeteilt.

Strichliste für Leichen

Bei der Analyse medienpsychologischer Tendenzen fiel in den letzten Jahren eine Verschärfung der Stellungnahmen gegen die „Brutalität“ im Fernsehen auf. Seit unlängst eine amerikanische Untersuchung zwischen dem Quantum an Morden und Handkantenschlägen und der Jugendkriminalität einen Zusammenhang herstellte, nehmen publizistische Besorgnisse, z.B. von Illustrierten, bei uns stark zu. Einige Wissenschaftler zählten nämlich die täglichen Fernsehtoten sowie sadistische Passagen und diverse Gewalttätigkeiten. Das Ergebnis sind beispielsweise drei Fernsehtote pro Tag und 95 Schlägereien, Schießereien, Quälereien pro Monat. Ist diese Genauigkeit ein Fortschritt? Wahrhaftig nicht.

Vergessen wurde von den Herren, daß mediale Angebote immer nur von Fall zu Fall gewürdigt werden können, und zwar die jeweilige Qualität, sonst bleiben von klassischen Schauspielen schließlich nur noch Tote übrig. Vergessen wurde von den Zählenden auch, daß jeder Film- oder Fernsehkrimi seinen eigenen verlaufsdramaturgischen Gesetzmäßigkeiten unterliegt, die geeignet sein können, im Ansehen von Grausamkeit diese u.U. hassen zu lernen. Da die Rechercheure von einem mechanistischen Weltbild ausgehen, lautet die simple Analogie: hie Grausamkeit – da Grausamkeit als lineare Folge des Konsums am Bildschirm.

Die Verabsolutierung von Leichen, „aus dem Gesamtzusammenhang gerissen“, ist des weiteren auch deshalb so unerträglich, weil unterstellt wird, daß Sendungen isoliert werden können, als folge nicht auf eine langweilige Kindersendung ein Krimi oder umgekehrt. Daß schon Kinder durchaus die existentielle Irrelevanz von Fernseh-Nervenbädern von der harten Realität des Schulalltags deutlich zu unterscheiden wissen, entgeht den Beckmessern.

Was des weiteren verstimmt, ist, daß die jeweiligen Leichenzähler nicht zugeben, wie sehr sie selbst sich schon Krimis mit Vergnügen einverleibten, deren Genuß sie dann an anderer Stelle wegen einzelner bedenklicher Stellen mit dem Brustton des sich Entrüstenden zurückweisen. Es wäre wert, solche undifferenzierte Pauschalverdächtigungen auf Grund schwacher Indizien einmal psychoanalytisch unter die Lupe zu nehmen. Was dabei herauskäme, wäre höchstwahrscheinlich ein Bildungsdünkel, weil man es selber auf Grund der Rechnungen besser weiß als die Konsumenten.

Die Situation der Medien und ihre Wirkungen waren sicher vor einem Vierteljahrhundert noch andere. Damals durfte man schon auf Grund ihres neuartigen Gesichts besorgt sein. Inzwischen steht aber eine gewandelte Gesellschaft von Kindern und Jugendlichen mit beträchtlicher medialer Erfahrung den Fernseh-„Brutalitäten“ gegenüber.

Die schlimmeren Gefahren sind heute die Unwägbarkeiten der furchtbaren Momente. Da löst sich völlig unverständlicher Weise ein Gespenst, nein ein Plasmamensch, in Säure auf, dort wird ein Rentierohr mit dem Messer eingekerbt. Ein andermal ist zwar eine subtile seelische Perversität im Zusehen so akademisch wie die medizinische Bezeichnung, aber die Beunruhigung ist doch wesentlich größer als durch die drei massiven Fausthiebe im Western von gestern.

Von martialischen Brutalitäten offensichtlichen Charakters ist zur Genüge die Rede. Wo aber bleibt die Entrüstung über die seelische Grausamkeit? Seit das Kind in der Schule nicht mehr geschlagen wird – auch das hat es ja gegeben –, ist es wahrscheinlich empfindsamer geworden für Sticheleien, kaschierte Gemeinheiten, psychische Herabsetzungen und unverständliche Urteile, gegen die es sich weder mit Fäusten noch mit Hilfe von Rechtsanwälten wehren kann. Gerade weil das Kind einen ausgeprägten Gerechtigkeitssinn hat, schmerzen es seelische Grausamkeiten, wenn sie keine Kritik erfahren, mehr als handfeste Schießereien.

Bleibt also zu fragen, ob diese wenig erörterten, durch die Euphorie der Bildungsdiskussion verschütteten Realitäten nicht die wahren Narben hinterlassen und ein Aggressivitätsklima schaffen, das sich dann leicht den Medien zuschreiben läßt?

Wenn Kinder heute angeblich dreimal soviel brutale Szenen niedermalen (bei dem Auftrag, Fernseherinnerungen mit dem Pinsel zu bannen), als dies noch vor sieben Jahren der Fall war, so ist das noch kein Beweis dafür, daß durch die Verbreitung eins solchen Angebots sich auch analoge Wirkungen verbreiten.

Die hunderttausend Kinder, die zur Unzeit vor dem Bildschirm sitzen (was sich in gerechtfertigter Weise zählen läßt), haben nicht nur die drei Fernseh-Leichen des Tages zu erwarten, die dramaturgisch richtig oder falsch liegen können, sondern auch viele andere Reaktionen. Ist es nicht grausam, wenn das, was die Kinder „wirklich“ belastet, unentdeckt und unerörtert bleibt?

Das umfunktionierte Kasperltheater

Das Kasperltheater in der Schule ist in einer doppelten Krise. Obwohl das Fernsehen zwei-, dreimal pro Woche mit Puppen unterhält und belehrt, sind der Kasperl und sein Gefolge in der Vor- und Grundschule nicht so oft Gäste, wie sie es sein könnten. Der Ernst der andrängenden Stoffülle verbietet die angebliche Zeitvergeudung mit Kasperlespielen. Aber vielleicht ist der zweite Grund für eine eigentümliche Zurückhaltung pädagogischer Praktiker noch entscheidender: die Antiquiertheit der Figuren. Auch Archetypen, also selbst Vater- und Muttergestalten, bedürfen einer zeitgemäßen Einkleidung. Freilich, die archaischen Urbilder der patriarchalischen Ordnung und Repräsentanz, wie der Richter und der König, können im Kasperletheater ebensowenig von heute auf morgen einfach entmachtet werden, wie der Bildgehalt der Hexe nicht aus dem Unbewußten zu verdrängen ist

Andererseits kann es so wie bisher „mit den Weibern" unter den Handpuppen nicht mehr weitergehen. Sie sind entweder inaktiv Mitläuferinnen – wie die Königin und die Gretl – oder von sprachlos ferner Schönheit – wie die Prinzessin und die Fee – oder gefährlich exekutiv wie die böse Hexe, die selbst auf ihre alten Tage noch kräftige Reißzähne hat. Eine Frauengestalt, die man liebhaben kann und ihrerseits liebt, die etwas zu sagen hat und nicht nur mit dem Kochlöffel winkt, die gibt es im zu patriarchalischen Reich des Kasperle nicht.

Wenn sich Kinder gerne an Menschen kuscheln, dann sollen sie auch erleben dürfen, wie schön das – sagen wir – bei der „Kuschel" sein kann, einer Puppe, die eine handfeste Frauensperson sein sollte, mit schönem Haar und einem deutlich spür- und sichtbaren weiten Herzen. Es muß ja nicht immer nur geschlagen werden auf den Räuber, auf den Teufel und aufs Krokodil. Und Liebe sollte auch noch da sein, als „Himmelsmacht" und noch deutlicher als irdisch reale Kraft, die die Welt froher und schöner macht. Prinzessin und Fee sind „Himmelsmacht" genug.

Daß man durch Gutsein etwas bewirken kann, beweist uns die hiermit gleichfalls neu zu erfindende Gestalt des „Steinkopfs". Man stelle sich ihn so vor: Stein von oben bis unten; Augen, Nase, Ohren, alles wie bei einem Denkmal, wie vom Bildhauer. Fordert er nicht zum Stein- und Beinerweichen heraus? Ein mattes Aufleuchten seiner Steinaugen, ein paar rollende Tränen mag mancher als Kitsch ansehen, besonders gemessen am Bretschen-Krieg, den der Kasperl nach allen Seiten führt. Aber man kann auch nüchtern am sichtbaren Erfolg des „Wärmens" des Mitmenschen zeigen, daß Frustration, daß Versteinerung nur da ein unabwendbares Schicksal wird, wo Teilnahmslosigkeit und Gleichgültigkeit herrschen.

Wir haben zuviel autoritäre Gestalten im Kasperltheater. Nehmen wir nur den schnauzbärtigen Schutzmann und den grimmigen Jägersmann, über den nicht – wie im Struwwelpeter – auch einmal ein Hase triumphiert. Den „Rechten" müßten einige „Linke" gegenübergestellt werden. Norm und Gesetze müssen sein, aber ebenso Lebendigkeit, Freizügigkeit und Lust. Wer vertritt sie? Vielleicht der Seppl als Handwerksbursche, unrasiert und töricht? Statt des Seppls brauchen wir eher so etwas wie Blumenhippies.

Bitte, keine Mißverständnisse? Verniedlichung der ersten Bühne der Kinder ist nicht beabsichtigt. Warum sollte nicht einmal die Hexe, die wie eine Spinne Angst einflößt, Prügel beziehen, wenn das zur Entlastung der Kinder gegenüber verschlingend anmutender Tanten beiträgt? Ja, es fehlen sogar einige „negative" Gestalten: wo bleibt der Verkehrsrowdy, an einem fahrbaren Untersatz festgewachsen und wesentlich bedrohlicher als der „Sparifankerl"? Warum einen bösen Onkel nicht lebensnah zeigen, mit Hut und ohne Augenbinde?

Müssen sich unsere Kinder an wahnwitzige Kulte unserer Zeit genauso wie wir gewöhnen? Zum Beispiel an den Pistenraser oder den Leichtathletik-Roboter. Das stur-technokratische Leistungsprinzip, das hier im Hintergrund waltet, ist Kindern völlig uneinsichtig. Die schizoide Figur eines Tempomessers und Zeitzerhakkers, eine Art lebendes Zählwerk, wären die Kinder bestimmt bereit auszulachen. Das ist keine aktuelle Frontstellung gegen die Olympiakämpfer von morgen, sondern gegen den alle Zeiten überdauernden Archetypus eines Homo Faber.

Anpassungen des Kasperltheaters an Erziehungsziele arten schnell in einen faulen Kompromiß aus, weil das elementare Schauspieler-Ensemble für Ziele, die außerhalb seiner Struktur und seiner ursprünglichen Intentionen liegen, verzweckt wird. Die Archetypik des Ordnungshüters soll nicht ersetzt werden durch den realen Verkehrspolizisten, der Verkehrszeichen abfragt, oder durch Pseudo-Kasperle, die sich die gebleckten Zähne putzen, weil es von höherer schulhygienischer Warte zur Unterstützung erwünscht ist. Das Kasperltheater soll modifiziert werden durch Gestalten, die es zwar zeitlos durch die Jahrhunderte hindurch gibt, denen aber ein Gesicht und eine Kleidung des 20. und nicht des 19. Jahrhunderts maßzuschneidern wäre. Dazu dürfen gegenwartsanalytische Verkörperungen der Grundmuster nicht fehlen. Besonders Lichtgestalten wie die Fee können schnell langweilig werden. Das ist aber nicht der Fall, wenn sie entweder wie Automaten in allen Farben aufleuchten oder ihre Brust zur Kinoleinwand wird. Was immer neu entdeckt wird, es bleibe alles ein Riesen-Spaß.

Tips für die Freizeit und Ferien

Einige Monate vor dem fälligen Termin quellen die Illustrierten mit Ratschlägen zur Jahreszeit über. So gibt es im Februar die ersten Badeanzüge zu bewundern, und kurz nach Allerheiligen beginnt der große Reigen der möglichen und unmöglichen Weihnachtsgeschenke. Klar, daß sich die Bildergazetten im Mai die Ferien als Anlaß zu Tips nicht entgehen lassen. Aus der Schatztruhe werden Reisen nach Indien (einschließlich des Hinweises auf die Cholera- und Pockenschutzimpfung) hervorgeholt wie die neuesten Sonnenschutzbrillen für Hochgebirgstouren. Wer mag sich da noch, zudem ohne farbige Bilder, überhaupt zum Thema „Ferien" äußern?

Eines wagen die Blätter nicht: verrückte Ideen nahezulegen; sie leben ja von der Konformität, und verrückte Ideen sind nicht jedes Käufers (am Kiosk) Sache. Eine Schallplattenparty mit den Lieblingsmelodien der Gäste zu Leberkäs und Weißbier (gar mit Himbeersaft), paßt mit der Lebensart des „besseren" Mannes nicht gut zusammen. In Wirklichkeit kann eine solche Verbindung natürlich eine pfundige Sache sein. Wenn sich bei den Klängen Dave Brubecks sichtlich die Nerven beruhigen, dann erst recht, wenn dazu alle noch Bier schlürfen statt des pflichtschuldigst bislang genossenen Bourbons. Wenn es eine ganz gewöhnliche, aber schmackhafte Kartoffelsuppe mit getrockneten Pilzen zum nostalgisch wiederentdeckten Harry Belafonte at the Carnegie Hall gibt, dann ist das eine show ohne Knigge. Zünftige Gaudi und Blödeleien und dazu ein wenig boshaft die Stunde der Wahrheit ist noch immer Bestandteil gelungener Ferien ohne timing.

Natürlich fahren alle wieder zum Baden nach Italien oder nach „sonstwohin". Die Fremde pflegt die Urlaubsreisenden allerdings dann nicht selten wieder mehr zu erschrecken, als sie zugeben: die vielen, vielen Badenden und die viele, viele Kultur. (Um den Louvre im Eilschritt zu schaffen, müssen Sie immer noch zwei Stunden rechnen!) Retten Sie sich also, z.B. am Meer, wenn Sie wollen, in einen maritimen Laden, wo keiner einkauft, weil die dekorativen

Seemannsknoten zwanzig Francs kosten und das Interesse an Muscheln, die aussehen wie Täublinge, allgemein doch recht gering ist, zumal auch die zwanzig Francs kosten. Aber vielleicht finden Sie eine türkisgrüne Riesenschneckenschale, die in einem Sortimentkorb aus Le Havre liegt. Sie kann Ihr zeitloser Fund und zeitbedingtes Souvernir werden. Muscheln und Bistros sind außerdem so schön schweigsam und beflügeln die Phantasie.

Zur Internationalität des Urlaubs paßte es besonders, im Gespräch einige Amerikanismen zu hören oder selbst hören zu lassen. Zu ihrem Reiz gehört, daß sie viele Reisende gerne und leicht im Ohr behalten; und das nicht nur, um später zu renommieren, sondern um dem Wortsinn ein wenig nachhängen zu können. Unsere übersystematisierte Schulmeisterei erging sich nicht selten in schwerverständlichen Termini, aber selten in lebenspraktischen Idiomen. Vielleicht wäre manches im pädagogischen Handeln mit einfachen Einfällen richtiger gesagt und getan worden. Wissen Sie, was „joypopping" ist? „Wonne reinjubeln"! Das könnte doch eine herrliche Devise sein, auch für Mitteleuropäer. Aber dies gelingt wohl erst, wenn wir den Imperativ englisch hören.

Man kann's auch umgekehrt amerikanisch sagen, damit man nicht übermütig wird: „sale resistance", das sei der Widerwille dagegen, sich übers Ohr hauen zu lassen oder sich selbst übers Ohr zu hauen. Ein komplettes pädagogisches Programm, welches ansonsten wesentlich wissenschaftlicher „bewußte Bewältigung der Welt durch das Medium der Erkenntnis" genannt wird. Mit einer solchen Formulierung enthebt man sich schon wieder der eigenen Wahl.

Da dies Leben konkreter ist, als es in Formulierungen den Anschein hat, ist auch die Fülle der Wahlmöglichkeiten immer größer, als man denkt. Jeder könnte so z.B. „seinen" Gipfel haben. In den mitteleuropäischen Zentralalpen sind es im einzelnen: 23500 Gipfel, die höher als 1500m sind, 3500 Dreitausender und 82 Viertausender. Alle mit Namen. Aber das steht nicht im Prospekt ihrer Hausseilbahn.

Pferde

Amerika hat einen Pferde-Boom wie nie zuvor, nicht einmal zu Zeiten der Indianerkriege gab es dort so viele Pferde. Seit der Prestigewert des eigenen Autos sinkt, steigt der des eigenen Pferdes, auch in Old-Europe. Es ist schon eine Sache, sich auf einem Pferderücken spazieren tragen zu lassen, der so hoch anmutet, daß der Anfänger es kaum wagt, herunterzuschauen. Für ihn ist es ein wahrhaft neues PS-Gefühl, zu spüren, wie das Roß unwillkürlich tänzelt, weil dieses die Verkrampfung des „Aufgesessenen" reizt. Die Harmonie von Pferd und Reiter ist trotz der neuen Mode selten geworden. Die „Harmonie-Lehre" – durch spontane Zuwendung und häufigen Ausritt – würde vor allem viel Zeit kosten. Das will mancher Manager mit Minutenkalender einfach nicht wahrhaben.

Was einst Lesebuch-Idylle war, ist auch heute ganz selten, nämlich der stolze Augenblick für Buben auf dem Lande, erstmals ohne große Umstände auf einen Ackergaul gesetzt zu werden, um mit ihm zur Schwemme zu traben. Woran beteiligte sich ein Junge je lieber? (Oder ein Mädchen?) Kinder vertrauen sogleich dem Pferd, das anscheinend weiß, mit wem es zu tun hat. Sein Geruch, das Gemisch aus Buttersäure, Ammoniak, Leder und Bremsenöl stört die Kinder nicht im geringsten.

Nach Auskunft der Hollywooder Filmpsychologen gehört zu den zehn erregendsten Geräuschen auf der Leinwand das Donnergrollen eines herannahenden Pferdegalopps und zu den schönsten Bildern wohl das mit der sechsspännigen, roten Postkutsche mit dreimal zwei Rappen, die durch die Täler Neu-Mexikos rollt. (Zu den Wundern der Dressur aber zählen die Pferde, die in der Schlacht am Blauen Berge auf ein Zeichen hin zu stürzen vermögen.) Unseren Respekt vorm Pferde werden wir wohl nie verlieren. Die Abendländer haben ihre Unterlegenheit vor tausend Jahren noch nicht vergessen, wo sie letztlich Zufälle vor dem Untergang durch die ungeheure „Mobilität" der geborenen Kavalleristen aus der hintersten Steppe der Mongolei bewahrten.

Verzichten wir aber auf einen vollständigen Katalog der Aspekte.

Die Rolle des Pferdes im germanischen Kultleben, die Zeugnisse der Verbundenheit mit dem Lieblingspferd, etwa bei Alexander dem Großen, bis hin zu der Feststellung „... reitet für Deutschland", oder bis zu Pferdewitzen. Die blauen und roten Pferde von Franz Marc lassen wir ebenfalls unbeachtet, wie die Bilder des Pferde-Krügers aus dem alten Berlin des 19. Jahrhunderts; erst recht den Wohnzimmerkitsch, wo die Kavallerie an der Wand inzwischen von „wilden Steppenpferden" abgelöst wurde. Freuen wir uns, daß z. B. in München noch das Denkmal zu Ehren der Kriegspferde steht und in seiner Nähe erst Mitte der Sechziger ein zorniger Hengst aus Bronze dazukam. Die Pferde, die unsere Projektionen noch auf sich ziehen als mythologische Wesen, werden zu Anlageobjekten und Trimm-Dich-Geräten, in der Ponyausgabe zu Spielzeug.

Es ist heute kaum mehr möglich, wie noch vor 60 Jahren, daß wir uns aus fernen Landen, zum Beispiel aus Rußland oder Polen, ein Rennpferd kommen lassen mit dem Risiko, daß es nicht richtig loslegt, weil ihm die zentraleuropäische Bahn zu sehr verregnet ist. Mit „wir" sind moderne Habenichtse gemeint, im sozialen Status durchaus früheren Pferdekäufern und -haltern vergleichbar, die aber im Gegensatz zu den Reichen von heute eine Eigenwilligkeit des Tieres um seinetwillen „in Kauf" nahmen.

Der Rennfahrer nützt die genau berechenbaren Kräfte der Maschine bestmöglich aus. Reiter und Pferd jedoch sind wechselseitig eine Einheit. Sie strengen sich gemeinsam an und stimmen dabei überein. Das Pferd ist also – notabene – wie der Hund keine Sache (was den Juristen bisher nicht umzudeuten gelang. Wer das Pferd des anderen tötet, wird so nur wegen Sachbeschädigung verurteilt).

Als in den sechziger Jahren in München einmal Rennpferde ausbrachen und in panischer Angst in Richtung Landtag sprich Maximilianeum liefen, berichteten die Boulevardblätter von diesem Ereignis unter Nennung der Namen der Gäule. Kein Mensch wäre auf die Idee gekommen, bei Namen wie Märzboy, Baal, Astronaut, Indian Girl, Altgesell, Sonnengott, Radiator, Manitu, Vulpiana, Buddenburg, Kriminal, Wesir ox (welcher in eben diesen Sechzigern einer der ganz schönen Araberhengste der Bundesrepublik war), von „Sachen", von „Dingen" zu sprechen.

Der Pferdekopf, der im Märchen redet, ist wie selbstverständlich vermenschlicht, umgekehrt wird dem Menschen nicht immer seine Eigenheit als Recht zugestanden. Wir können uns zwar, wenn auch nicht mehr so leicht wie Friedrich Nietzsche 1889 in Turin, hilfesuchend an den Hals eines Pferdes hängen, dürfen aber nicht vergessen, daß auch Menschen Hälse haben.

Die Zuschauer

Vor vielen Jahrzehnten kam ein Bauer erstmals in seinem Leben in den Tierpark und staunte, am meisten vor der Giraffe. Er sah den langen Hals rauf und runter und fällte schließlich das Urteil: Nein, das glaub' ich nicht! Vielleicht geht es uns Zeitgenossen ebenso mit vielen, kaum überschaubaren Erscheinungen der modernen Kommunikationsmittel, der Interpretationsmittler, besonders des Fernsehens. Auch das achtzehnmillionste Gerät hat keine sonderlichen Beunruhigungen im bundesrepublikanischen Alltag ausgelöst. Was soll schon sein? Daß das Fernsehen die Gesellschaft wandelt, die da einen langen Hals macht, wenn sie in die Röhre guckt? Nein, das glauben wir nicht!

Es gibt Sachen, Phänomene, Handlungsweisen, „die gibt's gar nicht"! Wir können sie zwar sehen und oberflächlich registrieren, aber nicht entsprechend durchschauen. Schauen wir wenigstens einmal genauer hin. Selbst wenn bei einer ausgefallenen Sendung praktisch niemand mehr fernsieht, sind es immer noch eine Million Zuschauer. Wenn die Straßen leer sind, beim Durbridge-Krimi, hängen vor einem Kanal 20 Millionen, also jeder dritte Bundesbürger! Bauern, Angestellte, Freischaffende, Beamte, Vertreter tausender Berufe, alle sehen nicht nur das gleiche, die meisten nehmen es auch gleichermaßen für bare Münze. Immerhin dämmert Millionen erstmals, daß es offenbar Zustände, Auswirkungen, Konflikte gibt, die sie – ohne Veröffentlichung – nicht für möglich gehalten hätten. So konservativ sicher viele Formen der Lebensbewältigung weiterhin bleiben werden, so emanzipativ ist der nach gewandelten Lebensentwürfen heischende und empfängnisbereite Mensch veranlagt. Nicht nur der Jugend gehört die Zukunft, sondern jedem Menschen, der die Zukunft bejaht.

Der ganze Kosmos der ins Bild gebrachten Literatur aller Spielarten, Sittengeschichten, die aktuelle Umschau in der Welt, Fakten und Ansichten eines kurzen Jahres, mehrerer Jahre und vieler Jahre lehren, daß die Welt *bunt* ist, auch wenn sie, gerade noch, vorwiegend schwarz/grau/weiß auf dem Bildschirm dargeboten wird. Die Mannigfaltigkeit der Lebensformen, die der Mensch erstmals in seiner Geschichte in dieser Breite und Farbigkeit kennenlernt, wird – vermutlich – das Leitbild großstädtischen Lebens weiterhin intensiv propagieren. Die „formierte" Gesellschaft – wird sie konformiert, uniformiert oder doch informiert sein? Wird sie einheitlich der Auffassung sein – nicht nivelliert, auf einer Ebene –, daß sich zumindest im Raum der frei Haus gelieferten Phantasien und Vorstellungen weltstädtische Möglichkeiten auftun? Zur Übermittlung kommen: Transaktionen, die Schiffe durch legal entzogene Steuergelder einbringen, Ehepaare im Viereck, beißender Spott auf Regenten, Milliardenhilfen über alle Grenzen hinweg, Zeugnisse munteren Aberglaubens, Tod von Tieren, die aussterben, während wir sie erstmals – auf dem Bildschirm – sehen, Wunder der Medizin, Mars als Atomschutthalde, Inseln als Militärstützpunkte, Politiker als sinkende Sterne …

Der Ausruf „Auch das noch!" kommt da schnell über die Lippen, weil der Rahmen des Erträglichen gesprengt scheint; der Wunsch „Das auch noch?" dagegen richtete sich auf Ausweitung.

Es liegt im Wesen des Fernsehens, *expansiv* zu sein, insofern setzt es die lernbegierigen Kinder und die abenteuerlustige Jugend auch pädagogisch intendiert, leicht und schnell ins Bild. Diejenigen, die sich von Mittler, nach dessen Plänen oder nach eigenem Belieben, forttragen lassen, erwarten immer neue Reiseerlebnisse, um mehr zu wissen, zu ahnen und zu sehen. Kindlich erwarten sie stets Neues auf der Sehenswürdigkeiten-Tour: Tag für Tag, Woche für Woche, Jahr für Jahr. Ihre Neu-Gier erfaßt sie ganz, förderlich oder nur um reinzuschlingen. Passivität gibt es dabei nicht. Die Zuschauer raffen Impulse, Impressionen, Entdeckungen, Überraschungen und Erheiterungen zusammen. Nachdem so Erwartungen steigen, versuchen viele Zuschauer, mit dem Gesehenen etwas praktisch anzufangen. Das Ergebnis ist meist – immerhin nur meist – aus Zeitmangel – auf Konversation beschränkt. Zuschauer bleiben tatenlos. Übrigens seit jeher, wenn sie nicht handeln wollen oder können. (Schauen Sie sich nur die Gruppe von Zuschauern auf dem Fresco in St.-Prokolus-Naturns [Meran] an: „Um 800".)

Allerhand Kram

Kinder können mit altem Zeug im allgemeinen viel anfangen. Das kann man neuerdings auf ihren eigenen Flohmärkten beobachten. („Echt antik – 1965!“) Die Schule tut dies weniger. Vielleicht wegen der Unfallgefahr oder auch aus hygienischen Gründen. Es gibt zwar auch in der Schule alte Klamotten, wie die reißfesten Brotbäckerinnen aus der Bronzezeit zum Aufhängen oder Landkarten vom Großdeutschen Reich. Aber zu Altertümern, zu Antiquitäten, hat die Schule oft nur über das Heimatmuseum Bezug. Das ist schade. Nicht nur, weil dadurch das wissenschaftsfördernde Sammeln erschwert wird, sondern auch kindertümliches Vergleichsmaterial entfällt. Damit entfallen natürlich auch Qualitätskriterien.

Folgende Geschichte ist verbürgt: Eine Frau kommt in eine Kunsthandlung, wünscht „ein Bild fürs Wohnzimmer“. Mit Bestürzung stellt sie bei näherer Betrachtung fest, daß sie in einem Antiquariat für Stiche und Radierungen bis 1860 ist. Es nützt nichts, daß ihr der Verkäufer preiswerte, wunderschöne, handkolorierte Blätter à la Merian vorlegt. Schließlich geht die Frau ab: „Wenn ich schon was kaufe, dann soll es wenigstens neu sein, und in Öl würde es sich auch besser halten.“ Wer ist an einer solchen Fehlleistung nun „schuld“? Die potentielle Käuferin jedenfalls hatte zumindest vor, ihr Heim zu bebildern: ein ungelöstes ästhetisches Problem. Sie blieb beim „Schmücke Dein Heim!“ stehen.

Die Schule kann natürlich weder Schmuck noch Möbel, noch Spiegel systematisch zusammentragen lassen, geschweige denn Porzellan oder Uhren. Mit bestimmten Bildern allerdings wäre es schon etwas ganz anderes. Ebenso verhält es sich mit Gebrauchsgegenständen, Speicherfunden, mit Kellerkram, ja allem, was die Kinder selbst bemerkenswert finden. Alte Postkarten, Sammelbilder und Fleißbilletts gehören bereits zu dem, was oft unangefordert mitgebracht wird. In der Grundschule gibt es sicher auch heute kaum ein Kind, das sich nicht über Hauchbildchen freuen würde, die auf dem durchsichtigen violetten Papier die Konturen des segnenden Christus oder eines Tigers gar nicht gleich erkennen lassen. Schaut man erst einmal genau hin, rollt sich das Bild durch den warmen Atem auch schon ein. Es entzieht sich, wenigstens äußerlich, um neu entdeckt zu werden: Kindliche Praxis der Bildbelebung.

Unter einem Haufen Trödlerwaren finden sich die alten Fleißbildchen manchmal wieder, gebündelt und gemischt mit Sterbebildern, Sündenregistern zu irgendeiner Osterkommunion, Sammelbildern, Lesezeichen, Kaugummi-Schönen und heraldischen Täfelchen von irgendwoher. Der heilige Clemens blickt, die eine Hand fest am Palmzweig, die andere fest am Schwert, zum Himmel. Über ihm liegt das Sterbebild eines neuneinhalbjährigen Mädchens, das im Krieg dahingerafft wurde, weil es keine Medikamente gab.

Religiöse Motive dominieren, weniger als Reproduktionen von Gemälden Tizians oder Lukas Cranachs des Älteren, als vielmehr in Form von Bildchen-Szenen mit dem Schutzengel oder Unserer Lieben Frau und dem Jesulein, dem die Kindlein buchstäblich ihre Herzchen an die Krippe bringen. Das Jesulein hilft seinerseits der heiligen Maria in einer Frühlingslandschaft mit singendem Star beim Wäscheaufhängen. Mancher Heiligenschein ist sogar geprägt. Die lieben Zwerglein oder die Hasenfamilie plaudern mit Igeln und anderen Tierlein. Die Mehlschwalbe atzt ihre Jungen, die blumenbestickte Lätzchen umhaben, die Mäuseopas schmauchen ihr Pfeifchen und die Mäusemami näht auf einer alten Nähmaschine neue Nachthemden.

Die erfolgreichen Illustrationen, z.B. der ars sacra, sind immer dieselben. Von Raffael spannt sich der Bogen kühn hin zu Matth. Schiestl, zu B. Hummel (der Nonne aus Massing an der Rott, Klosterschwester in Sießen bei Saulgau). Insgesamt eine Fundgrube vor allem des Kitsches, ergiebig, wie es auch die Quelle alter Postkarten ist, allerdings mit anderem Lehreffekt: Stadtansichten im Abglanz zeitgenössischer Kunst, in allen Formen des fotografischen Fortschritts und der Reproduktionstechnik, Landschaftsübersichten, auf denen Malerwinkel gekennzeichnet sind, Landser vor dem riesigen Löwen von Belfort, das „Menschliche Leben in Thiergestalt" im Gang des Bankettsaals der Wartburg, Rheindampfer, Moritz-von-Schwind-Bilder, Grand Hotels in Neuchâtel und natürlich der Schillerstein für den Sänger Tells.

Der Ort für eine Auseinandersetzung mit diesen Dingen wäre die Pin-Wand oder das Tapetenbuch. Die Kinder können an eine Wand heften, was sie entdeckt haben. In ausgedienten Tapetenbüchern haben sie mehr als einen Schuttabladeplatz, nämlich eine Konserve für Bildmaterial.

Alle Jahre wieder kommt die Städtische Müllabfuhr mit einem großen Wagen. In ihm verschwindet allerhand Gerümpel und Tand – nicht selten zu früh – für immer: Matratzen, Küchenkästen, Vulkanfiberkoffer, Fahrradrahmen, genagelte Bergschuhe, Reisigkörbe, Marienbilder, alte Zeitungen, Hutschachteln, Badfliesen, Rucksäcke, ein alter Tornister, ein zerbrochenes Heuwagerl, Gramola mit Schallplatten, ausrangierte Waschtische, Plastikeimer – und eben eine kleine Teebüchse mit Fleißbilletts.

Wenn es um nichts schade wäre, um sie auf jeden Fall. Für solches Zeug gibt es zwei unterschiedlich engagierte Interessenten. Einmal die Müllabfuhr, die nur einen flüchtigen Blick auf den Haufen wirft, um Zinn oder andere Trödlerware zu entdecken, zum zweiten die Kinder, ewige Schatzsucher, die eine alte Karbidlampe oder einen anderen ungewöhnlichen Beleuchtungskörper unbewußt für das entdeckende Lernen nützen, falls nur die Funktionstüchtigkeit wiedergewonnen werden kann.

Zuletzt bleiben seltene, „tragische Fälle" am Rande zu erwähnen. Ein solcher wäre beinahe Frau Meier geworden. In letzter Minute rettet sie, was noch kein Gerümpel ist: „Das Kanapee müßt's dalassen, das könnt's net nehmen. Das ist bloß drunt, weil ich heut' den Maler hab."

„Kulturelle Übergangswerte“ in der Freizeit

Der überaus abstrakte Begriff unseres Titels, den der Erwachsenenbildner Erwin Ackerknecht in den 20er Jahren prägte – Kitsch als kurtureller Übergangswert –, läßt sich belegen. „Übergangswert“ ist freizeit-pädagogisch bemerkenswert ergiebig.

Zunächst einige Zeilen zu Bedeutung und Geschichte dieses Begriffs. Schon Schiller hat die auch für Ackerknecht relevante Unterscheidung von „naiv“ und „sentimentalisch“ getroffen, wobei die unverstellte, unreflektierte Unmittelbarkeit zur Welt eben Naivität verrät. Sie wird „verloren“ durch verkünsteltes, gemüthaft übersteigertes, besonders einfühlsames Sehen mit anderen, tiefer hinein sehenden Augen: durch das alte Fühlen des Fühlens (im Sinne Wackenroders) und damit Abhebung vom direkten Fühlen an sich; ein Prozeß der Erhellung, wenn auch nicht gerade des Bewußtseins, ein Übergang aus dem Stand der Unschuld in den des Erkennens. Solche „Angelpunkte“ sind durch Aha-Erlebnisse in Schule und Jugendgruppen bekannt.

Freizeitpädagogen, die es bald zunehmend geben wird, werden hier ansetzen können. Sehen wir einmal vom schieren, erholsamen Nichtstun als Freizeit-„Beschäftigung“ ab, so stoßen wir auf Aktivitäten in Hülle und Fülle, sagen wir mal zwischen Kreuzworträtsellösen und Solospiel zu Platten, in denen der Geigenpart ausgespart ist. An diesen beiden simplen Beispielen unter 1001 Freizeitbeschäftigungen kann der Übergangswert, die „Nahtstelle“ zu einer selbstgestalteten Kultur plus one step more than necessary aufgezeigt werden.

Nun denn: zum kulturellen Übergangswert des Kreuzworträtsels. Es mag den meisten dabei genügen, da Ära, dort Uhu, hier Ehe und senkrecht fünf Set (Platzdeckchen) einzutragen, um dann zu kapitulieren. Man kann aber auch versuchen, den Produzenten der Rätsel auf die Schliche zu kommen und ihr Umschreibungslexikon wie ein Geheimdienstdechiffreur zu rekonstruieren. Das liest sich dann ungemein spannend und lustig. Nehmen wir den Buchstaben P:

Pferd von Karl May	= Rih
Posaune, germ.	= Lure
Parzival-Sohn	= Lohengrin
Peruanische Währung	= Sol
Paarungsspiel der Vögel	= Balz
Pfingstrosen	= Päonien
Pfriem	= Ahle
Peinlich	= fatal
Papageien	= Ararara (!), Kakadu, Kea
Panzerechsen	= Gavial, Kaiman
Pilzbelag in der Mundhöhle	= Soor
Pfefferfresser	= Tukan
Pumpenkolben	= Piston
Peitsche der Kosaken	= Nagaika
Prüfungsprädikat (akad.)	= Rite
Pardelkatze	= Ozelot
Pampas-Hase	= Mara
Päpstl. Auszeichnung	= Tugendrose
Pilz, Keulenpilz	= Ziegenbart
Phäakenkönig	= Alkinoos
Passah-Brote der Juden	= Matzen
Persische Rohrflöte	= Nei
Pferdestriegel	= Roßkamm
Polizei, beritten, nordamerikanisch	= Ranger

Ist das nicht spielerischer Anreiz für Assoziationskollagen? Exzessives Schlemmermahl mit herrlich unverbindlichen Anmutungswörtern: Petrarcas Geliebte, wie kann sie heißen? Laura! Klangvoller Name oder nicht? Jedenfalls: Schnittpunkt zwischen plattem Wissen und neuen Ansätzen zum Spintisieren in die Welt hinein.

Wohin das führen kann, zeigt der noch ungedruckte Slogan für Stuttgart: „Unschlagbare Rätselstadt". Die württembergische Metropole nennt sich so, weil sie bei der Ratesendung „Einer gegen alle" ein Jahrzehnt einsam an der Spitze lag. Um diese Quote halten zu können, wurden zahlreiche private Ratezirkel gegründet, ein Viertelhundert Kapazitäten als Helfer stimuliert und 54 Telefone bereitgestellt, um Antworten der rätselseligen Bürger entgegennehmen zu können.

Violinnoten und Zuspielplatten oder Zusingplatten: Jetzt wird's ernst – im eigenen Wohnzimmer. Schon leuchtet das rote Stereolämpchen auf. Das große Konzert mit uns beginnt, man will nicht patzen. Man hat auch zusätzlich die Platten gekauft, die anfordern, weil sie aufs Gemüt gehen. Das „Largo“ wühlt regelmäßig ganz schön auf, so wie das „heimatliche Land“ aus Traviata oder das „Intermezzo“ aus Cavalleria rusticana (erst recht das „Ave Maria“). Zum Schluß „Plaisir d'amour“. Schmalziger geht's nicht! Aber: Kitsch als kultureller Übergangswert – und Humus für originellere Blüten individuellen Musizierens. Jedenfalls ein „Mehr“ gegenüber dem Largo auf der Hochzeit.

Noch zwei Beispiele: Der Siedlerbund „Schöne Gartenheimat e. V.“ begnügt sich nicht damit, an den Farblichtbilder-Vortrag von Herrn S. über Rosen und Ziergehölze einen ganztägigen Schnittkurs anzuschließen oder Steuerratschläge zu geben und Düngemittelbestellungen anzunehmen. Der „Siebu“ strebt wieder einmal einen Ball an (mit vielen Überraschungen). Er soll „überhöhend“ wirken. Das ist es: sich nicht mit der Prosaität zu begnügen, sondern „loskommen“ zu wollen vom Einheitswertbescheid des Gartens, vom Rosenbefall mit Blattläusen.

Gegensätzlich zur Prosaität ist nicht etwa Poetisches gemeint. Weltgestaltend – ohne es so zu sehen – wird „kultiviert“ als Möglichkeit, von der „Selbstgenügsamkeit“ fortzukommen. Um eine solche Veranstaltung finanzieren zu können, braucht der „Siebu“ zunächst ein Spar-Programm aufgrund der angespannten Kassenlage. So sagt es jedenfalls der Präsident. Den Terminus hat er unlängst aufgeschnappt – und er macht nun den Plan, sich einschränken zu müssen, dadurch schmackhaft, daß er ihm den neuen anreißerischen Namen gibt, den anspruchsvollen: Austerity!

Die Kultur beginnt mit dem Anspruch, den wir an uns richten. Dieses Sich-gegenüber-Sein setzt den Abbau der Einfalt voraus und fordert, es gerade nicht bei einfallslosen Lösungen zu belassen.

Schienen – Melodie

1

Es gibt Fachidioten und Universalgenies: Spezialschlüssel und Sammelschlüssel (die jedes Zimmer aufsperren, aber nur soweit es sich um die Zimmer eines Gebäudes ohne Spezialschlösser handelt). Allen Schlüsseln ist manchmal jedes Brecheisen überlegen. Es bedarf aber generell keiner groben Werkzeuge, gibt es doch auch Diebsschlüssel und Nachschlüssel, die auf unauffälligere Weise das Ziel erreichen. Allerdings dringt am leichtesten der ein, dem ohnehin die Türen offenstehen. Das sind im Hause der Musik wahrscheinlich nicht allein Generalmusikmeister und nicht Musica-viva-Esoteriker, auch nicht modische Pop-art-Musikanten, sondern auch unbefangene troubadourische Minnesänger, Chansonniers aller Spielarten, Liedersänger ohne Berufung. Andererseits gibt es Leute, die sich nicht einmal durch offene Türen einladen lassen.

Der Vogel, der am Morgen singt, singt bestimmt auch noch am nächsten Tag seine Strophen, ohne sich auch nur annähernd mit Komponisten und an Musikstücken messen zu wollen: er singt – einfach so vor sich hin. Er kümmert sich wenig um Auf und Zu der Türen. Aber weil er einfach singt, kann ihn das Haus der Musik nicht verleugnen. Es steht ihm offen, ob er nun will oder nicht.

2

Worauf das hinaus soll? Auf eine Werbung für gelegentliche Sonntagsmelodien, geeignet auch für Montage, ohne Ambitionen. Vorsätzlich mehr tun zu wollen, wäre für den Alltagsmusikus ohnehin völlig hoffnungslos, weiß man doch, daß von jährlich 25 000 neuen Schlagern der engeren Wahl nur 1000 eine meist recht kurze Klangblüte erleben. Die anderen sind Eintagsfliegen. Auf dieses Rennen kommt es also gerade nicht an, wenn singt, wem Gesang gegeben.

Wenn Lehrer in der Schule von den Kindern verlangen, daß sie mit dem Orffschen Instrumentarium „komponieren“, dann sollten zunächst sie selbst, die „Großen", wenigstens ein bißchen eigenen Sing-Sang pflegen, von ihren Stimmungen und Gefühlen gleichfalls Kunde – besser Laut – geben. Das ist dann vielleicht fast ein musikalischer Offenbarungseid, mit dem man sich aber nur dann blamieren kann, wenn Profigeist simuliert würde.

So wie die Menschen zu wenig lachen, so singen sie auch zu wenig – in freien Einfällen. Diese stellen sich ein, wenn man anfängt, Musik „herauszuhören", etwa aus Geräuschen, die in der Luft liegen wie in unserem Beispiel unten: Rollen auf der Schiene – kann auf solche Weise zumindest in ein klingendes Psychohygienikum umgesetzt werden. Das macht Spaß, weil es leichthin erklingt und als unmittelbare Musik des Augenblicks immer wieder neu entsteht und vergeht.

Ohne diesen Mutterboden wären wahrscheinlich weder die stimmenreiche „Szene am Bach" noch die Kanons von Beethoven entstanden und nicht Polyphonien, Synkopen und „Dreigroschenlieder". Kein Signor Abbate ohne musikalisches Sprießen, Blühen und andere spontane Metamorphosen vor aller Kultivierung. Erst recht nicht Beatles, Monkees noch Bee Gees, Rolling Stones.

3

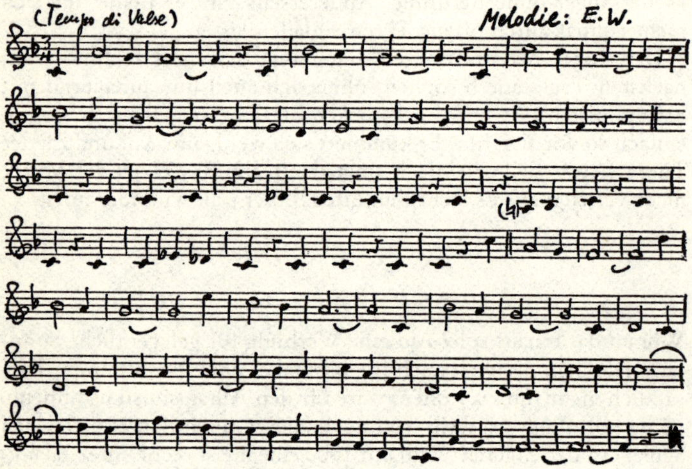

Des Menschen Symbiose mit dem Hund!

Die monotheistischen Kamtschadalen der Taiga entwarfen einen Himmel, in dem die Armen dadurch erhöht wurden, daß sie Gott Kutche in erster Linie mit guten Hunden belohnte. Die Reichen aber bestrafte er mit schlechten Hunden. Während die Eskimos sich noch heute ein Leben ohne Hund lieber gar nicht erst vorstellen, weil sie ohne ihn ihr Dasein nicht fristen können, haben die roten Chinesen als erstes Volk der Erde – angeblich aus hygienischen Gründen – den Hund restlos abgeschrieben. Im Riesenreich Maos gibt es nahezu keine Hunde mehr. Sauberkeitsfanatismus und Hund passen nicht zusammen. Man entgegne nicht, daß Diktatoren sich besonders gerne mit Hunden fotografieren ließen. Es war fast immer nur die attraktive Rasse des Wolfshundes, die die Führer umgab – als Staffage, wofür auch „Kinder mit Blumensträußen" herhalten mußten. Schon gewöhnliche Allüren dulden keinen „unreinen", „unblutigen" Pinscher oder gar die Gassenmischung neben sich. Aber auch Schäferhunde können anders sein, obwohl sie unverändert als Polizeihunde – und auch als Läufer neben dem Minenfeld – herhalten müssen.

Einer der weisen Beschlüsse unserer Gesetzgeber war vor nicht zu langer Zeit, daß alle Hunde physisch wieder bleiben, wie sie auf die Welt kommen. Ohren und Schwanz sollen sie künftig behalten, die sie früher im Dienst der Kavallerie opfern mußten. Unter der Würde der stolzen Kavallerie war es doch, die Ratten in den Stallungen durch ach so weibisch wirkende Katzen fangen zu lassen. Die „Rattler" unter den Hunden aber konnten ihre empfindlichen Angriffsflächen nicht schnell genug entziehen. Ausfälle unter den verletzten Hunden waren unvermeidlich. Was die Veterinäre *nach* den Blessuren der Hunde im Kampf um Hafer wegoperierten, schnitten sie schließlich lieber gleich vorher ab. Feldherr Alkibiades pflegte solches schon aus modischen Gründen zu tun.

Diese Coupierungen haben der Wandlungsfähigkeit und Sensibilität der Schnauzer keinen Abbruch getan: Im Hundetheater müssen immer schwarze Schnauzer die Polizisten spielen, zuallerletzt wegen ihrer gekonnten Buddelei in Unterwelten. Dabei sind gerade Rattler für drei Dutzend andre Rollen disponiert: chinesische Schlange, mit buddhistisch-orangen Bändern geziert, die den Rachen aufsperrt – und doch kein Feuer speit; struppig-verfilzter Clochard, der pennt und pennt; Prinzessin auf der Erbse, aus dem Gänselieselreich, die ein scheinbar lahmes Flügelchen anwinkelt – bevor sie anschleicht.

Eine Stadt in Deutschland mit einer Million Einwohnern hat so an die 35000 Hunde. Die meisten der mit ihnen eingegangenen Lebensgemeinschaften – nicht nur mit dem Blindenhund, sondern auch dem Hund für den vereinsamten Sozialblinden – werden von nahezu unauflöslichen Banden gehalten. Zur Übertragung auf die Beziehungen zu Mitmenschen empfehlenswert.

Der Streit um Hundekot, Höhe der Hundesteuer tritt demgegenüber ebenso zurück, wie die „Human-Interest"-Bilder in den Illustrierten z.B. mit dem Bernhardiner, der wieder einmal, wie Barry einst, das rettende Schnapsfäßchen in letzter Sekunde bringt.

Kinderkollagen und Fernseh-Vorschule

Um sie nach meinem Gusto auszuwerten, erhielt ich kürzlich einen Stoß von etwa 6000 Kinderzeichnungen und Klebebildchen, vorwiegend aus den Altersstufen der 3- bis 12jährigen. Die beträchtlichen Stöße und Beweise kindlichen Eifers sollten nicht akribisch analysiert werden. Das Ziel ist die Sammlung einiger Impressionen, deren vielfältige Wiederkehr von Flensburg bis Berchtesgaden immerhin einige Verallgemeinerungen zuließ.

Die Kinder waren nach Fernsehsendungen aufgefordert worden, Zeugnis von ihrem Verständnis der Angebote abzulegen. Es ging um bekannte vorschulische Vergleiche Schnell/Langsam, Laut/Leise und ähnliche sowie um einige märchenhafte Geschichten, die zu illustrieren waren.

Zunächst einmal konnte konstatiert werden, daß Programme für Drei- bis Achtjährige auch noch für die Älteren einen starken Anreiz darstellen, möglicherweise nur wegen des Unterhaltungswertes oder des Genusses, zwar „darüber hinaus" zu sein, aber „es" rückblickend zeigen zu können. Vor allem aber fiel auf, daß der gezielte Auftrag, das und jenes zu malen, in starkem Maße homogenisierte. Durch fünf, sechs Jahre hindurch wurden meist die Bilder aus Illustrierten, aus Bilderbüchern, aus Sammelbildchen-Schatztruhen herausgeholt, die für die Altersgruppe „spezifische Anmutungsqualitäten" besitzen. Doch halt, wir wollen in der Diktion nicht zu „wissenschaftlich" werden. Vielmehr sei einiges plakativ herausgestellt, was man aus diesem Bildmaterial hätte lernen können, nämlich, daß Kinder in ihrer relativ geschlossenen Welt leben und nur das sehen wollen, was ihnen vom Bild her etwas sagt und zusagt. Das gilt gleichermaßen für die Vierjährigen, für die Zehnjährigen, für die Zwölfjährigen.

Die Kleinsten schneiden, um „Schnell und Langsam" zu kennzeichnen, z. B. ihre Spielzeugkataloge aus; zweifellos grobschlächtiger als die Älteren. Die knallbunten Bilder sind auch sonst meist putzig, denn Entchen und Spielzeugbären, Häschen und Fotos von

Bassets geben durch den Konstrast von Schleifchen und Fell oft starke Signale, wie es ihr Gegensatz zum Spielzeugauto, zur realen Technik ohnehin tut. Diese ist für die Kinder nicht einfach „schnell“, sondern fasziniert wohl durch ihre grandiose Mechanik. Sie wird auch in der Nähmaschine und im Quirler der Mutter gesehen. Oft wird aus subjektiven Empfindungen das Thema unbewußt verfehlt. Man gleitet hinüber aus dem gegebenen Auftrag in Wunschvorstellungen: Dann verbindet sich der schnelle Wasserschifahrer mit einer Reihe schicker Rennautos oder mit einem Bild eines Schimpansen, der nicht mehr nur als „langsam“ aufgefaßt wird, sondern eben als kraftvolles „Wesen“ imponiert. Man mag hier einwenden, daß diese Wahl sozio-kulturell determiniert sei, aber die Sendereihe selbst gab dafür keinen Fingerzeig. Es hätten andere Themen zum Zuge kommen können, da ja wahrhaft genug Material zur Selektion bereitlag. Die Auswahl des bunten Sammelsuriums ist scheinbar zufällig, aber gerade die Verteilung von einem bis zu zwei Dutzend geklebter Bildchen über die Rückseite einer Tapete hin hat für ein vierjähriges Kind eben nicht den Zug zum Nächstbesten allein, sondern der technischen Vertrautheit. Die Schnecke der Technik ist beispielsweise der Bulldozer. Spaniels mit Krawatte und Brille, schöne Pferde, Max und Moritz zum Oldtimer, Wellensittiche, Entchen und Boeings 707 einander gegenübergestellt, scheinen mühelos Technik und Natur zu paaren.

Es ist frappierend, landauf, landab einem kleinen Ballonfahrer aus einer Mineralölwerbung zu begegnen. Er ist für das Kind Symbol, wie man sich einen Überblick über die ganze Welt verschaffen kann. Den Kindern liegt jeglicher Kulturpessimismus, jede Zivilisationsfeindschaft völlig fern.

Bei Blättern, die Geschichten mit Räubern und über das Haus fliegenden Eseln illustrieren, zeigen sich formal die längst bekannten individual- und altersspezifischen Unterschiede, und damit offenbart sich eine begrenzte Leistungskapazität, die respektiert sein will. Das Kind kann nicht schneller und weiter in die Welt vordringen, als es aus eigenem Antrieb tut. Für eine Spätentwicklerin, die wie jedes Kind von der Funktion der Dinge ausging, hat auch noch mit 7 Jahren ein Flugzeug eben 14 Tragflächen, während ein anderes achtjähriges Mädchen mit seinem „Klappbild“, wie gewohnt, eine Straße zu ordnen sucht (sie tut das ein Jahr zu früh).

Zeichen und Symbole

Im Poesiealbum und auf Grußkarten wimmelt es – auch heute noch – von Friedenstauben, Glückspilzen und Zeichen aus der Blumensprache: Kleeblättern, Veilchen und Vergißmeinnicht. Es handelt sich im Dienste der Kinderfreundschaft weniger um Konkretisierungen geistiger Gehalte in einem Sinnbild als um äußere Zeichen wie bei den Tätowierungen auf der Brust des Matrosen. Während sich die Nixe, als Inbegriff verführerischer Liebe, in die Mannesziер der Kraushaare der breiten Brust gekuschelt findet, prangt auf des Seebären kräftigem Unterarm der Anker als Zeichen der Zuverlässigkeit, der Standfestigkeit.

Die Zeichen sind zum wenigsten der privaten Sphäre vorbehalten. Ineinandergelegte Hände zieren als Emblem der DDR Parteiabzeichen und Briefköpfe (statt wie sonst Hammer, Sichel und Zirkel). Auch hier wird eine Idealität beschworen, die die Herrschenden plakatieren oder die „man" sich einfach wünscht. Die härteste Realität der Zeichen in unserer Welt sind jedoch die Verkehrszeichen. Ohne sie vermittelt zu haben, kann es der Lehrer nicht wagen, die Kinder zu entlassen. Was tut die Schule eigentlich hierfür, außer, daß sie Schülerausweise mit grünen und mit roten Stempeln ausgibt? Sie geht an einem großen Zauberreich vorbei, bedrängt von ihren stofflichen Verpflichtungen. (Nehmen wir die Religionspädagogen aus, die ihren speziellen Zeichen- und Symbolkanon allerdings manchmal zu kritiklos tradieren.)

Wo ist auch später, wenn der Schüler wachsendes psychologisches Interesse zeigt, die Rede von der Gebärdensprache? Während die Kinder eine eigene Geheimsprache und eine verklausulierte Bilderschrift auch heute noch pflegen, die es mit Wegzeichen der Zigeuner aufnehmen können, lehrt die Schule das Ausrufezeichen, meist ohne deutlich zu machen, wie „laut" es ist. Während im Unterricht wohl die Rede von Sternbildern ist, in der Pause über Sternzeichen gesprochen wird, kommt im Biologieunterricht bei der Tänzelsymbolik der Bienen selten genügend zur Sprache, daß das ungeheure

Wunder darin liegt, daß es sich um Zeichen handelt, die für Phänomene außerhalb des augenblicklichen Wahrnehmungsbereichs gelten.

In unserem Zeitalter der Chiffren durchschaut der Mensch zwar gerade noch die Rolle der „Tauben“ und der „Falken“ in der Politik, kennt vielleicht manche symbolische und allegorische Zuordnung von Elefanten und Zebus zu überseeischen Parteien. Er kann auch ein Gestütsbrandzeichen entziffern, weil für Haflinger der Zakkenkranz des Edelweißes eben naheliegt. Aber er erkennt darüber hinaus für sich nicht leicht die Re-Signation, den Augenblick, in dem er seine eigenen „Feldzeichen“ zurücksteckt. Umgekehrt durchschaut er wenig, wie sehr er Opfer einer modernen Status-Symbolik mit einer falschen „Signation“ ist.

Zu den ersten Einfällen moderner Werbepsychologen in den zwanziger Jahren gehörte es, Hunderte von Markenzeichen großer Firmen (Sterne, Ringe, Quadrate) in Preisausschreiben erraten zu lassen, um auf diese Weise erst recht die Kennmarken beim Kunden einzuprägen. Die „Verführer“ kannten bereits die Lust an der Entschlüsselung von Zeichen. Mit zwölf Jahren kann der Mensch bereits „hinter“ die Be-deutung von Wahr- und Abzeichen, Stilisierungen, Siegeln, Signets, Flaggen und Wappen kommen, wenn er Gelegenheit dazu erhält. Vom Palmzweig geht die Reihe über die Schwingen des Ikarus, über gesprengte Ketten bis hin zur Freiheitsglocke und weiter vom Phoenix mit seinem Strahlennimbus bis zu den olympischen Ringen – alles und noch viel mehr: Zeichen oder Symbole, geronnene Insignien dessen, was vielleicht auch die Welt zusammenhält? Symbole, Schlüsselzeichen enthalten, im Gegensatz zur Allegorie, etwas vom Wesen des Umschriebenen in einem numinosen Kern.

In einem nicht nur oberflächlich dramatisierten Unterricht, sondern in einem auf Überraschungen abgestellten Lehr-Gang sollte es ernsthafte Zeichen- und Symbol-Ratespiele geben, weil mit ihnen ausgetretene Wege zeitweilig verlassen werden. Die Steigerung des Einfühlungsvermögens, die Beflügelung der Intuition sind erstrangige Ziele der Schule. In der Zeit der geistigen Geburt ist die Phantasie die hilfreiche Amme.

Der Verfasser hat sich den Spaß gemacht, einige Zeichen und Symbole zu offerieren, die nicht so ohne weiteres jedem Dietrich nachgeben. Prüfen Sie Ihre Entschlüsselungskraft.

Einfache „Bilder“ wären natürlich leichter lösbar gewesen: gelöste Schnürsenkel als Symbol der Schlaffheit oder ein zerfallenes Mosaik als Symbol der Zerstreutheit. Aber solche „Aufzeichnungen“ kennen Sie sicher von der Apothekenwerbung her, wo die Trompete die neue Luft bedeutet und gepanzerte Ritter die Notwendigkeit des Schutzes der Gesundheit „meinen“.

Zeichen sind fixiert. Erst die Frage, von woher die einzelnen Zeichen und Symbole kommen, löst ihre tatsächliche oder scheinbare Starrheit.

Auflösung der Zeichen und Symbole

1. Ahornblatt in der Flagge Kanadas. (Kanada heißt übrigens „Abenteuer“. Gibt es einen treffenderen Namen für dieses Pionierland?)

2. Liliensymbol der Pfadfinder

3. Odalrune der neonazistischen Jugend der BRD

4. Nationalpark-Dienst

5. Geflügelte Kelle (Internationale Kochkunst)

6. Ägyptische Hieroglyphe für Wind, Atem, Luft

7. (Petrogrammatische) Rindenmalerei aus Nordaustralien (Gegenwart); Bedeutung: Niruru, ein „Geist“ – kein Gespenst! – individueller Traumerfahrung

8. Altindisches Symbol für gelöste Beweglichkeit

9. Yang und Yin, altchinesisches, taoistisches Symbol für die Wechselwirkung des männlichen und weiblichen Prinzips

10. Emblem von Atomenergiekommissionen

11. Das „Und“ in der Geschäftsverbindung, ein Zeichen der Zusammenschlüsse ursprünglich getrennter Bereiche

12. Flaggensprache der Matrosen, hier E. und W.

Erkenntnis durch „Verfremdung“: Denk-mal

Auf die Gefahr hin, sich zu blamieren, sollten wir unsere Probleme viel mehr öfter verfremden, um sie so womöglich erst in voller Deutlichkeit zu sehen. Wie sollte man sich im Rahmen der Kunsterziehung oder der dörflichen Jugendarbeit z. B. mit den Kriegerdenkmälern auseinandersetzen, ohne betulich oder altmodisch oder verletzend zu wirken? Einer Gloriole von Scheinheiligkeit steht die Jugend interessenlos gegenüber. Sie sieht aber die Heldenverehrung tradiert. Zu schneller „Bewußtseinserhellung“ tragen da vielleicht die folgenden Verse bei.

DENK-MAL!

Zwischen Turm (1387) und
Begonien-Wirtschaft (1911)
liegt, wenngleich aufgestützt,
auf dem Sockel
vor dem großen Kirchentor
ein Krieger, jahraus, jahrein.
Wintermantel aus Beton,
Stahlhelm aus Beton,
Ohr in Hand – Beton.
Ein Krieger für alle
gefallen von alldahier.
14–18; (gilt auch,
laut Zusatztafel, für 39–45).

Den Stahlhelm fest ums Kinn geschlossen,
trotzt er,
amtlich-gebrochen wie er ist,
jeder Frühlings- und Urlaubssonne.
Im Winter, wo ihm wohler ist,
wäscht der Regen

aus Stiefeln, Ärmeln, Wangen
Kiesel um Kiesel.
Haben es seine
Kameraden,
nackt in Marmor sinnend-sitzend,
Spielbein über Standbein geschlagen,
da nicht schlechter?
Bei Null Grad, im Schatten der Thuillen,
der Lebensbäume?
Der nächste Sommer kommt bestimmt.

Streithansl und Kraftmeier

Die Hauptschule ist undenkbar ohne Rivalitäten. Sie bilden einen eigenen Jargon aus, der hiermit für die Lehrer- und Elternfortbildung empfohlen sei*. Analytische Vorübungen zum Verständnis von Kraftausdrücken und Sprachfeinheiten sind teilweise vorhanden durch die Kenntnis der Leber*n*knödel*n* von Karl Valentin ebenso wie etwa durch den feinen Unterschied zwischen einem „netten Maderl" und einem „sauberen Madel". Letzteres ist immer älter als das erste, ganz zu schweigen vom „Mädel", der Erfindung der Nazis zum Zwecke der Versachlichung des Mädchens.

Die Art, in der zwei „Bigöckel" (Streithähne) aufeinander losgehen, überdauert die Generation, und im Kern bleibt dabei sogar der Sprachtenor derselbe. Die Wortwahl wechselt, wenngleich in langen Zeiträumen. Anders ist das übrigens bei der Teenagersprache, die modische Nuancen enthält. (Wer wird in zehn Jahren noch wissen, was ein „steiler Zahn" war? Ein Mädchen nämlich, das ob seiner Attraktivität auch eine gewisse Aggressivität entwickelte.)

Die erste Phase des Kampfes mit Schimpfwörtern zwischen zwei Zwölfjährigen will, wie eh und je, den Gegner heruntersetzen:

> Ist dein Vater ein Schiedsrichter, weil deine Ohren abseits stehn? War dein Vater der Osterhas, weilst so an Eierkopf hast? Sei stad, du hast ja heut nacht auf einer Boxer-Zeitung g'schlaf'n? Schau nur dei' verzogenes G'fries (Gesicht) an. Langsam und piano und immer schön den Fuß auf d' Brems'! Sonst kracht's! Hast was g'sagt, oder hat dein Wasserkopf plätschert? Da lach i' ja nur. Und du lachst, wie wenn a' Sack voll Hirschg'weih d' Stieg'n 'nunterrumpelt!

---

* Die Beispiele wurden in einem ländlichen Vorort Münchens gesammelt.

In Wien klingt das, wie uns freundlicherweise das Stadtschulamt mitteilt, zwar anders, das Prinzip bleibt aber dasselbe. Der Gegner wird entstellt:

Fetzenschädel, ausg'schwabter Donaufetz'n, Gruftspion, Katakombenschlurf, Ruabnzuzler, geistiges Nackerbatzl, Biskottenathlet, Gurkennas'n, Mülchkind, Hobelschartenputzer, Hirnederl, Zwirnblader, Spaghettischliafer, Topf'nneger, g'sölchter Klavierhax'n, ausgrabener Sumpfdackel, blade Mastsau, Burnhäut'l, Rippeng'stell, langhaxerter Ohrenkräuler.

Die letzte Chance für den Unterlegenen scheint, möglichst schnell zu fliehen, nach Hause zur Mama zu laufen, am besten „zum Muserl-Essen". (Nichts ist schlimmer, als auch noch als Hauptschüler ein Kind zu sein:)

Geh hoam und putz dir d'Nas'n, daß d'Rotzglock'n net immer läut'!
B'stell' dir an Krankenwag'n, denn wenn i dir jetz' oane tusch, mitt'n ins Liacht, dann kannst dir nur noch 's Blaulicht draufsetz'n!
I hau dir a G'sicht wie a Erdbeertort'n!
Wenn Dummheit wachs'n tat, kamst du als erster auf den Mond, ohne Raket'n – Du bist dümmer als ein Pfund Salz, und das kost' bloß sechzehn Pfennig!
Dich zahl'n s' ja, damit du nicht sagst, wo du her bist!
Wenn du so klein wärst, wie du blöd bist, könnt'st dich am Randstein abseiln!
Und du hast a G'sicht wie a angefror'ner Bierfahrerhandschuh!
Du derfst net nach Afrika fahr'n, sonst trocknet dei' Wasserballon aus! Du mit deiner Zitronengockelfotz'n!

Und in Wien:

Mach' Meter, du Aff! Depperter, stehst auf der Leitung!
I reiß dar ane, da haut's di aus de Sock'n.
Dei Voda war wohl a Kaktusmacher, weil deine Haar so danach ausschaun?
I mach da in dein Würschthals glei an Knopf.
Wannst deppert bist, zisch i dir ane, daß dar de Zähn' in

Dreierreih'n bei 'd Ohr'n außimarschier'n. Und i spuck dir a Glasaug.
Du hast ja a Hirn wie a Plattnspüla: jeden Augenblick g'hört da a neiche aufg'legt.
Und du hast a Hirn wia a Almhütt'n: hoch ob'n und nix drin.

Das Streitgespräch kumuliert in fürchterlichen Drohungen, nach denen es wieder abflaut, am schnellsten, wenn inzwischen Tätlichkeiten gefolgt sind.

Paß auf, daß i dir koane Knot'n in deine Wurstfinger mach!
Jetz' haltst aber dei' Mei! Sonst kriagst a Watsch'n, daß du d' Autobahn zum Auslaffa und zwölf Paar Schuah zum Brems'n brauchst!
Malefitzkrippi! Feg mi net o! (Vergleich mit dem Kampf der Hirsche.)
Sonst hau i di als Abziehbild an den nächst'n Telegrafenmast'n!
Dann kann dei' Oma alloans fernseh'n, du Betthupferlfan!
Sei stad, sonst riacht's nach Friedhof, du Rolltreppenrutscher! Du Gartenzwerg ohne Kappi, du Schwammerlzipfl, du Rindskamoppi (Kreuzung zwischen Rind und Kamel), du nackerter Zwoaring (2-Pfennig-Stück) auf'm Fensterbrett, du viermotorige Steppensau, du zahnluckert's Kriegerdenkmal, du Seegrasindianer, du rote Ruam (Rübe)!

Nur ganz selten werden die Mädchen mit Schimpfnamen bedacht, die, bei gleicher Übertreibung, aber ebenfalls nicht wirklich boshaft sind. Die freudianische Komponente ist hier besonders stark:

Du rothaarige Trambahnbürst'n, du Buamaflitsch'n, du verrostetes Vorhangschloß, du Hutzfack'l (kleines Schwein), du batz'laugerte Rab'nschlange, du Bachratz' (Wasserratte)! (Und in Wien: Du Frufruglasl!)

Aus dieser von Phantasie berstenden Sprache könnte der falsche Schluß gezogen werden, daß das Alter der Vorpubertät besonders aggressiv sei. In Wirklichkeit ist diese Zeit zugleich der Höhepunkt und Abschluß der Versreimerei, wenn die Kinder, vor dem „Streit", oder danach, wieder friedlich miteinander spielen. Abzählverse, Scherzfragen, Rätsel, Stabreime enthalten gleichfalls gern „Größentransformationsübungen". Derartige Kommunikationsformen der Kinder untereinander bleiben in der Schule allerdings unberücksichtigt und unterprivilegiert, obwohl der Reichtum der Sprache hier eine reiche Quelle hat:

Zehn Zigaretten hüpfen in die Betten,
hüpf'n wieder raus, und du bist drauß!

Der Pedro aus Caracas
handelt mit Zehakaa (Fußkäse).

oder:

Ene mene, Subtrahene, divi, davi, domino,
Ecka, becka, kasenocka, zinka, zanka, drauß!

Scherzfrage:

Warum ko d' Sau net radlfahr'n?
Weils koane Finga hat zum Läut'n.

Das Eigenrecht der Kinder, zu ignorieren, gibt ihnen das Recht, uns die Zunge zu zeigen und uns zu titulieren:

Ihr Aff'n mit Aug'ngläser!
Ihr zahnluckerten Holzböck!

Wenn's drauf ankommt, ziehen sich die Kinder auch gerne in sich zurück und beschließen (in Wien), ins Ottakringer Kino zu gehen:

Heut hau' ma' uns an Straf'n (Streifen) Zelluloid in die Pupill'n!

Seelische Grausamkeit

Es ist doch reichlich verräterisch, daß gegen seelische Grausamkeit noch wenig juristisches Kraut gewachsen ist. „Seelische Grausamkeit" als Scheidungsgrund wurde zunächst verlacht, als gäbe es das nicht wirklich. Die Ehehöllen sind aber seit Ibsen und Strindberg nicht umsonst geschildert worden. Und alle hatten mit Recht „Angst vor Virginia Woolf". Der Mensch, der des anderen Menschen Wolf werden kann, bedarf, um dabei höchst subtil zu sein, keines auffälligen Lammfells.

Wen stört schon, wenn ein Untergebener kaputtgeht, weil ihn sein Vorgesetzter bis aufs Messer sekkiert? Was will der Assistent machen, den der Ordinarius „gestrichen" hat? Was wollen Sie tun, wenn Sie einer „oben", verbeamtet auf Lebenszeit, bremst? Sie sind und bleiben geliefert! Der Lehrer, der einen Schüler schlägt, kann sich auf etwas gefaßt machen. Was passiert ihm aber schon, wenn er ein Kind langsam, aber sicher auf die kalte Tour fix und fertig macht, weil es ihm – vielleicht unbewußt – nicht nach der Nase steht. Handgreiflichkeiten können geahndet werden, nicht jedoch der Griff nach der Seele? Hier kann geschunden werden, wie es denen gefällt, die die Hand am Drücker haben – und der Drücker ist hier unsichtbar, allenfalls in vorsichtigen Schriftsätzen wider den Betroffenen versteckt.

Zu den schrecklichen Kriegserlebnissen des Verfassers gehört folgender Vorfall: Ein Major hat es auf einen älteren Obergefreiten, einen vielfachen Familienvater, abgesehen. Er benützt jede Gelegenheit, um ihm eines auszuwischen. Endlich, eines Tages platzt der Alte, er gerät aus der Fassung und bedroht den Major mit dem Beil. Jetzt kann der den unliebsamen Untergebenen, wer weiß, mit welcher genauen Formulierung zwischen Meuterei und Mordversuch – hinrichten lassen. Er wird standrechtlich erschossen. Einer der 35 000 deutschen Soldaten, die während „Weltkrieg II" hinter der Front an die Wand bzw. in die Sandgrube gestellt wurden. Wäre der Major wenigstens einmal nicht „nur" seelisch grausam gewesen, hätte sich vielleicht das Blatt gewendet. Aber er hat dem Landser nun mal kein blaues Auge unmotiviert geschlagen. Er hat ihn „nur" so lange unter dem Schutz des Amtes zur Schnecke gemacht – mit Worten, die gegen seine Seele gerichtet waren, bis der ohnmächtige Mann programmgemäß außer Rand und Band geriet und zum Abschuß reif war.

Wir sollen nicht so tun, als ob heute nicht allerorten Lebensfreude so vermindert würde, daß nur der Betroffene, der *Getroffene*, die Sticheleien und Intrigen zu spüren bekommt. „Dir werd' ich's zeigen, du Hund!" Warum soll es diesen Entschluß nicht auch an der Universität, im Parlament oder in der Medikamentenfirma, in der Schulklasse geben? Jeder weiß doch, daß es ihn dort gibt. Und keiner sorgt für Abhilfe, aus Ratlosigkeit, Angst und Feigheit.

Uns fehlt eine dritte Kraft, die so zu schlichten vermag, daß derjenige, der sich an sie wendet, nicht schon wieder Repressalien befürchtet, weil der Mächtigere ohnehin den Ton angibt. Vorläufig sollen wohl stories, die über Millionen Bildschirme Rächer der Enterbten in Szene setzen, eine Kompensationsmöglichkeit für seelisch Getretene sein. Schmerzensgeld wird hier dergestalt ausbezahlt, daß der endlich gestellte heimtückische Schuft pausenlos „Haue" bekommt, wenn er schon nicht jämmerlich zugrunde geht. Dabei geht den Hieben der Weg voraus, der einzig und allein zum wirklich guten Ende führte, nämlich die sachliche, psychologische Entlarvung. Grausam ist ja psychopathologisch gesehen nur der Mensch, der an gar nicht oder dumpf eingestandenen Insuffizienzgefühlen leidet.

Jeder Diktator schlägt um sich, um *die* Augen zu treffen, die ihn durchschauen könnten. Der selbstbeherrschte, seelisch Grausame tut desgleichen. Er geht nur anders zuwege. Aber im Grunde hat auch er nur Angst davor, „erkannt zu werden" – während die Liebenden geradezu beglückt sind, sich gegenseitig „erkennen lassen zu können".

Die Angst des Verfolgers hält den Verfolgten nicht selten insgeheim doch für den Stärkeren. Ihm will er zuvorkommen, ohne dabei selbst etwas riskieren zu müssen: der potentielle Gaslight-Mörder, der seine Frau systematisch verrückt machen will, ohne daß sie und die anderen es bemerken. Diese anderen würden von ähnlichen, „harmloseren" Fällen des Alltags mehr wissen, wenn seelische Grausamkeit endlich bewußter gemacht würde. Was der seelisch Grausame um seiner selbst willen dringend braucht, ist nichts Geringeres als Ermutigung und nochmals Ermutigung zum Vertrauen in sich und die anderen. (Ermutigung der Lehrer reduziert Zwangsvorstellungen von Freiwild in der Schule.)

Besondere Schulen

Eine Sonderschule hatte bislang die Aufgabe, eine bestimmte Gruppe von Schülern von den anderen abzusondern. Sie mußte damit nicht als eine besondere Schule Leitbildwirkungen erzielen, eher war sie in ihren Möglichkeiten in jeder Hinsicht zurück. Die Brutalität des Nazi-Regimes gegenüber dem „unwerten" Leben hatte außerdem der deutschen Sonderschulpädagogik einen Schlag versetzt, von dem sie sich erst in Jahrzehnten ganz erholte.

Endlich werden behinderte Kinder pädagogisch und menschlich nicht mehr aufgegeben und damit der dumpfen Verzweiflung oder gar dem Tod überlassen. Die Lehrer lösten sich von dem Vorurteil, daß ein verkrüppelter und verzerrter Mensch uns schockieren muß.

Wir entdecken mit Erstaunen, daß spastisch gelähmte Kinder, die motorisch oft schwerstens gestört, festgeschnallt und halbblind angeblich „vegetieren", die richtige Antwort auf eine Kopfrechnung manchmal speichelnd schneller lallen, als wir unkonzentrierten Zeitgenossen sie ausrechnen können. „Von 600 Pfund Pflaumen sind 36 Pfund verdorben. Wieviel Prozent sind das?" „ech...o.ent!" „3 von 70?" – „chei, omma, ains?"

Stadt, Staat und Kirche, zeigt eure Sonderschulen vor, und es zeigt sich, wieviel ihr euch selber wert seid! Lehrer, demonstriert eure didaktischen Einfälle für zerebral Geschädigte, und wir wissen, ob ihr einen Job ausübt oder Lehrer seid! Noch schätzen wir die Leistung des einzelnen schwach begabten Kindes einfach deshalb zu gering ein, weil wir sie nicht in Beziehung zu dem setzen, was ein vergleichbares Kind früher zu bieten hatte. Sehen wir im Gesichtsausdruck des mongoloiden Kindes, durch die Maske hindurch, ein Feuer seines persönlichen Geistes, wenn es liebenswürdig einem Leidensgenossen zugestikuliert: „Du kannst esch!" Nämlich bis zum Hunderter rechnen.

Wer verdient mehr Anerkennung: Madame Curie oder Helen Keller oder ein kleines Mädchen, das noch vor zehn Jahren ein jämmerlicher Pflegefall im „Irrenhaus" geblieben wäre, jetzt aber – ermutigt – so eifrig lesen lernt, mit der Nase am Papier entlang lautierend, daß die Heilgymnastikerin eine schlimme Verschlechterung der gesamten Rückenmuskulatur konstatieren muß. Das Mädchen stellt die Chance, lernen zu können, über alles. Es vergißt die vor dem Spiegel eingeübte Haltung.

Die Ausbildung eines einzigen Phantom-Piloten muß uns Steuerzahler fast zwei Millionen DM wert sein. Wir sollen aber schon auf Sozialleistungen stolz sein, weil ein mongoloides Kind kostenlos in der Straßenbahn fahren darf. Liegt das größere Verdienst für die Gesellschaft dort, wo ein Kind, mehr als Hiob geschlagen, schließlich trotzdem Handdrucke auf Seidenpapier anbringen kann? Oder liegt es dort, wo ein junger Leutnant, ohne auch nur einen Gedanken an Alte, Säuglinge und Hunde zu verschwenden, über unseren Städten die Schallmauer knallend durchbricht, in der Hoffnung, aus dieser Übung später horrende Erwartungen gegenüber der zivilen Luftfahrt abzuleiten? Wird es daneben eine Anerkennung auch für den Spastiker geben, der als Pionier am Tele-Kolleg des Bayerischen Rundfunks teilnimmt – unter freiwilliger Aufbietung aller seiner Kräfte?

Die Tatsache der zunehmenden Intensivierung der Sonderschulpädagogik könnte ein Beweis dafür sein, daß künftig nicht „Fälle", sondern einzelne Menschen – ein Hansi, 16, eine Gabi, 9, ein Seppl, 8, mit didaktischen Künsten und Liebe einem nicht mehr unabweisbaren Schicksal entrissen werden sollen. Dies kann dann auch das Ende der Fatum-Gläubigkeit sein. Die Namen schaffen die Verbindlichkeit. Noch verleugnen manche Eltern ihre behinderten Kinder. Wenn sie ihr Kind, den Sturzhelm umgebunden, sich im Wägelchen angestrengt vorwärtsbewegen sehen, geben sie auf. Das Kind weiß inzwischen, wer z.B. Martin Behaim war, was uns zumindest gleichgültig ist. Es ist geistig wach und erlebt doch stärker die Resignation der Eltern, als diese das selbst tun.

20000 Berufe gibt es morgen. Wo ist der Manager, der einige Dutzend lukrative Berufe für nun nicht mehr hoffnungslose Kranke findet oder erfindet? Die „Effektivität", nach der unsere Zeit giert, wird dabei allemal größer sein können als bei zahllosen, hochdotierten Aufsichtsratsmitgliedern. Wo ist der Psychologe, der uns umdenken lernen hilft?

Es sei nicht länger „Überkompensation", wenn „Menschenkunde" ein Lieblingsfach der Spastiker ist. „Menschlichkeit" aber ist daneben so lange eine Phrase, als uns für die Kinder nichts „Besonderes" einfällt. (Schon für die „normalen" Kinder fällt das schwer.)

Die taube Helen Keller „hörte" Schaljapin mit dem Ohr an seiner Brust „singen". Diese Schriftstellerin, die sieben Sprachen beherrschte, arbeitete nach ihrer Devise „Sachlichkeit und Optimismus". „Besondernde, nicht absondernde Schulen!" hatte sie uns angedeutet. Uns aber fehlt schon der Mut, folgende „Besonderheiten" der Elementary School der USA auf die Grundschule zu übertragen, nämlich z. B.

- Kinder Unterrichtsfilme selbst vorführen zu lassen, weil sie es gewissenhafter machen als unerfahrene Junglehrerinnen;
- Bücher auszusondern, wenn sie bei den Kindern kein Interesse finden;
- Schüler das Vorbereitungsmaterial der Lehrer im Lehrerzimmer studieren zu lassen, um sich am beabsichtigten didaktischen und methodischen Gang vorzubereiten;
- Schulkinder erstaunt zu sehen, wenn jemand in der Kunsterziehung mit Noten „arbeiten" will.

Übrigens – wären diese Neuerungen Absonderlichkeiten in Sonderschulen?

Anwalt für Schüler

Mitte Juli! Badesonne: 26 bis 28 Grad Außentemperatur. Luftfeuchtigkeit: 85 Prozent. Zwischen 14 und 15 Uhr Heimkunft der Fahrschüler. Essen. Umziehen in Badekleidung: Hausaufgaben. Zunächst Klavierstunde. Pensum in Latein – von heute auf morgen – bis gegen 18 Uhr: 36 Vokabeln, 105 Wendungen. Leichte Lernschwäche wegen Nordostwind, der die allergische Anfälligkeit durch Pollenflug erhöht.

Nächster Tag: Aufstehen um 6 Uhr. Extemporale in Latein gegen Mittag. Witterung: siehe oben! Ergebnis: 50 Prozent Fehler bei fünf herausgegriffenen, zwischen zwei Noten schwankenden Schülerinnen. Bisheriges Ergebnis einer der Fünfzehnjährigen: 2,42. Aber Extemporale: 4–5. Der Jahreszeugnis-Dreier ist damit untermauert. Die Klasse ist sich im Urteil „Schikane" einig. Die Eltern sind machtlos: „Papa, tu nichts, sonst muß es das Kind bloß büßen. Es hat die Lehrerin ja mindestens noch zwei Jahre." Vater prüft Rechtslage. Zuständig: ein Ministerialbeamter bzw. der Herr Stadtschulrat. Sollte man nicht lieber mit der Oberstudiendirektorin sprechen? Man kennt die Antwort: Sie wird nur die Gemüter beruhigen. Die Ressentiments hüben wie drüben werden nicht ausgeräumt. Es bleibt alles beim alten. Das Schulkind hat keinen Anwalt. Es kann sich nicht selbst verteidigen. Es müßte sein Fall ja vor höchste Instanzen gezerrt werden. Das halten die stärksten Nerven nicht durch. Das ist die Sache nicht wert.

Es bleibt der Ärger über die pseudo-juristische Rechthaberei der Lateinlehrerin, die sich hinter dem Gebot verstecken kann, daß jedes Kind eben seine Aufgabe zu machen hat, sich andernfalls nicht zu wundern bräuchte, wenn es am Schuljahrsende die Quittung bekomme. So entstehen ein legitimierter Druck, der dem Fatalismus und der Schicksalsgläubigkeit Vorschub leistet, und ein Freibrief für Pädagogen, die niemand abwählen kann; insgesamt ein Bild einer unkontrollierten Machtfülle.

Und der Elternbeirat? Der läuft auch nicht empört durch die Hallen. Also ans Telefon. Was sagen die Freunde? „Jalousien runterlassen! Die Hauptsache ist doch, daß das Abitur überhaupt bestanden wird. Unsere wäre froh, wenn sie jemals auf 'nem Dreier gestanden wäre."

Nächster Tag: noch ein Extemporale. Diesmal keine Note für das Opfer von gestern. Das Ergebnis könnte besser sein. Oder noch schlechter? Vielleicht kommt es unbemerkt zu einer Korrektur der Extemporale von gestern? Die Wut verraucht, die Lethargie wächst. „Ausgerechnet heute ist ein Serenadenabend für die Eltern – sogar im Schulgarten. Wenn es einem nur nach der Suite aus der Musik zum „Sommernachtstraum" von Purcell zumute wäre oder nach den Hackbrettg'sangln der elften Klasse: Die Schule in ihrem Widerspruch!" Was nützen denn irische Volkslieder, wenn sie nur den Anschein erwecken, es sei alles in schönster Ordnung, in Wirklichkeit aber die Kinder keine effektive Chance zu ihrer Verteidigung haben.

Gäbe es faktisch eine Schulaufsicht, wäre sie für den Staat da und nicht für die Kinder, da diese noch nicht „reif" sind. So wird ohnehin alles zur Bagatelle erklärt: „Morgen sieht die Welt anders aus! Was ist denn schon so ein Extemporale? Wenn es wenigstens eine Schulaufgabe wäre." Gegenfrage: Ist die Enttäuschung eines Kindes nichts – wohlgemerkt für Pädagogen? Die über das Heil des Kindes ansonsten Phrasen dreschen, ohne sein „gegenwärtiges Glück" (Paul Klee) zu bedenken? Sichere Nebenwirkungen der Schule sind so Resignation, Enttäuschung und Angst. Man wundere sich nicht über Klüfte. Fünfzehnjährige Mädchen sind nun mal psychologisch nicht so dumm, um nicht zu wissen, was mit ihnen gespielt wird. Aber sie halten die Unbekümmertheit lange nicht für möglich, mit welcher ausgerechnet ihre Lehrer sich durchpauken. Irgendwann geben sie sich dann keinen Täuschungen mehr über das „Wohlwollen" hin; sie wissen schließlich, mit wem sie's zu tun haben. Sie fangen an zu spicken und bauen mehr auf ihresgleichen, sie werden Opportunisten, Fatalisten und Separatisten.

Alles wegen einer Extemporale? Warum nicht? Wenn der Dackel dumm angeredet wird, verzieht er sich unters Kanapee. Die Prinzessin auf der Erbse kann eben wegen dieser Erbse nicht schlafen. Junge Mädchen aber, weil sie egoistisch sind und Pickel im Gesicht haben, werden anscheinend nicht verletzt, wenn sie im Ring der Klasse aufs Kreuz gelegt werden.

Wenn aber Kinder schon täglich ausgezählt werden, dann brauchen sie wenigstens einen Schiedsrichter. Den aber gibt's im „clinch" durch die Pädagogen nicht, sie punkten selber aus. Ein Schiedsrichter wäre zu teuer, zu pädagogisch, zu juristisch – zu demokratisch! Und erst ein Ombudsmann!

Sicher, wir brauchen in der Schulklasse meist keine „Sozialprophylaxe"; die Erfahrung überfordernder, widriger Lehrer ist keinem Schüler zu ersparen. Eine Schulklasse mit 38 Kindern und 7–9 Lehrerinnen und Lehrern bringt Belastungen und Frustrationen mit, die im allgemeinen auszuhalten sind – aber eben nur „im allgemeinen". Sie bedarf nicht unbedingt und immer des schlichtenden Mittelsmanns, aber doch gelegentlich um so dringender. Dann aber sollte dieser mehr sein als ein „lebender Kummerkasten".

Neid

Es ist manchmal geradezu lächerlich, wie wenig über den Neid geredet wird und wie viel, im Gegensatz dazu, über Sex. Freilich wird der Neid gefürchtet – beim andern. Vielleicht ist der Neid gerade deshalb so sehr tabuiert. Wie läßt er sich entlarven? Er ist keineswegs nur ressentimentgeladen und giftig-gelb in sich verkrampft, durch seine – scheinbare – Verhaltenheit. Dem Neid folgt oft Verrat und diesem wiederum der Anschlag auf den Beneideten: verdammt, weil bewundert. Ziel: herabmindern.

Margret Boveri hat unser Jahrhundert als Jahrhundert des Verrats gebrandmarkt, belegt mit präzisen Beweisen. In dichterischer Form hat schon Dante Alighieri das ungeheuer erdrückende Gewicht des Verrats dramatisch vor Augen geführt, ist ihm doch das teuflischste aller Übel, im tiefsten Kreis der Hölle, eine Personifikation des höchsten Verrats. Oft genug ist der Neid der Anlaß für den späteren Anschlag, der unter Umständen ein Rufmord ist. Einer solchen schrecklichen Konsequenz gehen immer Vorformen einer negativen Aktivität voraus, die dem Neid entsprechen: Klatsch, üble Nachrede, Verleumdung und Schmähung.

Dabei kann der Weg zum andern so einfach sein; erlernbar, schon in der „Sozialkunde“. Der Weg ist das Wohlwollen. Zwar bewies Biedermann, daß es auch eine falsche Aufgeschlossenheit gibt, in der Neigung, sich der Gewalt aus Bequemlichkeit und Denkfaulheit zu überlassen und vor dem Übel die Augen zu verschließen. Wenn es dem bösen Nachbarn nicht gefällt, ist der Weg der Verständigung steinig oder gar verschüttet. Vor Tyrannis gilt es sich zu wappnen, bei Neid aber ist Entdeckung schon der halbe Erfolg, hüben wie drüben.

Alle Gallenleiden dieser Welt hängen mit dem elementaren Unterschied von Gunst und Mißgunst zusammen. Jeder hat's erlebt: face to face hält man uns „warm“, hinter unserem Rücken wird jedoch vieles getan, um die Gunst, die andere uns bezeugen könnten, abkühlen zu helfen. Manchmal soll einer womöglich auch noch

„kalt"-gestellt werden (denn erst das isolierte Wild läßt sich leichter abschießen).

Wenn einer auf dem Bau „falsch" ist und die anderen über seine Mißgunst zu täuschen versucht, so sagen die Maurer in krasser Sprache, um sich so zu entlasten: „Was er sagt und möchte, das stinkt aus dem Hals." Das, was aus dem Mund und dem Hals riecht, ist übel und dazu häufig ansteckend. So auch der Neid. Auch er kann eine Ansteckungskrankheit sein. Wir sehen das am deutlichsten am Gerücht, das oft vor Neid trieft (und wie eine Seuche umläuft). Das Gerücht ist auf dem Sprung zur bösen Tat, die schon die Schadenfreude sein kann. Die Affinität zur Feindseligkeit ist dabei jedenfalls unübersehbar. Meist ist der Kampf gegen den Beneideten ein Kampf mit verdeckten Karten, denn der Neid will nicht offensichtlich sein. Das Schlachtfeld der Straße lebt von Neid und Mißgunst, wo, wenn es geht, die Vorfahrt genommen, mit letzter Kraft des rechten Beins erzwungen wird vom Besitzer des Drei-Liter-Wagens: Reinschneiden! Behindern! Überholen – stets mit kaschiertem Vorwand. Alles zur Beschleunigung des Verkehrs! Nur keinen kainistischen Urtrieb (L. Szondi) zugeben!

Der Neid wird nur dann hineingefressen, wenn Repressalien drohen, wenn man die Rache fürchtet. Der Neid ist nur dann „schwefelgelb" und inaktiv, wenn er der Not gehorcht und nicht der Selbsterhaltung. Gegen den Neid hilft nicht die resignative Überlegung, daß er doch nie aufhöre und daß „wenigstens" auf alle Menschen gleichermaßen ein Sarg aus Brettern warte, wobei es dem Verstorbenen egal sein könne, ob er in Fichte, Eiche oder Zedernholz gebettet wird: auf dem Friedhof ist endlich auch der Neid ausgekämpft, aber nur für die, die im Grab liegen.

Friedfertigkeit ist eine Voraussetzung für ein relativ gutes Sterben, aber vorher schon für ein gutes Leben. Friedfertigkeit ist die Atemluft der Gunst, der Verbundenheit. Der Neid ist im ersten Ansatz noch der ins Negative gewendete Ernst mit dem Du und keinesfalls Gleichgültigkeit. (Abgesehen davon ist auch Gleichgültigkeit nicht neutral, sie ist durch „Kälte" zerstörerisch, denn sie sieht vom anderen ab. Dantes Gottesverräter erstarrt im Eisenpanzer.) Der Neidische starrt auf sein Vorbild. Er erstarrt dabei oder aber wird zerstörerisch, weil er einen Anschlag beabsichtigt.

Neid ist auch politisch höchst relevant. Jeder Prügelstaat, z.B. der nazistische, erweckte und erweckt den Neid selbst auf den Sündenbock. Er muß herhalten, wird geschlagen und verjagt, weil man auf ihn abladen kann, was man selbst nicht bewältigt. Und das seltsamerweise nicht ohne Neid, weil er unschuldig ist.

Sitzungen

In dieser Stunde tagen „mächtige“ Gremien, die Beschlüsse fassen, die die Welt, meist die Welt eines engen Arbeitsfeldes, zum Besseren ändern – wollen. Gemessen an der Zahl der Sitzungen, Zusammenkünfte, Vereinsmeiereien, Treffen und Besprechungen müßten wir alle schon im Paradiese leben. Aber mit dem Reden und Armeheben werden die Angelegenheiten, die Probleme, Punkte, Gegenstände und Spannungen nicht für immer ihres Konfliktstoffes entledigt. Eher scheint manchmal das pure Gegenteil der Fall zu sein. So gibt es Rückschläge, Sitzungen zur Sitzung, Geheimdiplomatie, Vorentscheidungen für die Öffentlichkeit. Kurz: es „menschelt“ während Sitzungen, allerdings meist leicht frustriert, weil der grüne Tisch, einer Eisenklammer gleich, niemand so recht beweglich sein läßt.

Zunächst ist eine Sitzung nichts anderes als ein substantiviertes Sitzen, mit oder ohne Tagegelder (wobei Diäten gerne kassiert werden und die, die dafür sitzen, auch eifrig machen! Sie wollen das Geld „abreden“). Primär wird das Sitzfleisch beansprucht, während die Fragen immerhin „anstehen“ dürfen und die Anliegen eben „anliegen“. Man setzt sich zwar auseinander, um vielleicht in einzelnen Ansichten zueinanderzufinden, aber man bleibt dabei sitzen, und das ist gefährlich, denn Sitzenbleiben fördert den Immobilismus.

Wo man zu Sitzungen sitzt, da laß dich nicht ruhig nieder, denn permanente Abgrenzungen warten auf dich. (Paritäten, sind sie etwas anderes?) Was Sitzungen so zeitraubend macht, ist die je neue Kaleidoskopierung der Hackordnung.

(Bei Gericht lockert wenigstens die sportliche Note des rituell festgelegten Ping-Pong zwischen Anwalt und Verteidiger eminent auf. Es gibt dort auch nicht die Heterogenität der Tagesordnung. Vielmehr geht vom komplexen Vorgang, bei aller Vielfalt, sogar Beruhigung aus; außer auf den Angeklagten natürlich.)

Selbst die Konferenz der Tiere ist, wie sie sich in den fabulösen Geschichten der Nachaufklärungszeit bis Erich Kästner berät, stolz auf den Gebrauch des Verstandes. Man beobachtet nur Phänomene!

Selbst-Behauptungen – von „Haupt“ kommend (hört!) – einzelner, der Gruppe, der Lobby, der Partei, münden ein in das Bestreben, möglichst viele der eigenen Intentionen in Beschlüsse einfließen zu lassen. Weil man aber „vor- und einbringt“, endet man als Sklave des Protokolls, was nicht bedeutet, daß es zuverlässig mehr bewirkt als je neue Sitzungen.

Eine entkräftigende Erscheinung der Sitzungen ist, daß sie oft reaktiv sind: meistens reagieren die Teilnehmer ja auf einen „Anlauf“ von außen. Sie „realisieren“ kühne Ideen, die schließlich im Detail verschwinden, z.B. als Abs. 4 von § 36. Eines ist klar: Hätte die Montessori für ihre Ziele erst Sitzungen einberufen, wie z.B. die später nach ihr benannten Vereinigungen, sie wäre nicht zur Bauherrin des Kinderhauses geworden. Stellen Sie sich übrigens auch Pestalozzi auf einer Sitzung von heute vor! Man hätte ihm nicht mal einen schwarzen Johannisbeersaft serviert, geschweige denn einen Whisky, schon weil er nicht die richtigen Verhaltensformen gezeigt hätte, nämlich: Handshakes, gebleckte Grinszähne, Standardformeln wie: „Hallo!“, „Wir müssen jetzt doch mal, haben Sie Ihren Kalender bei der Hand?“, „Wir wollen nachher noch, wenigstens kurz ...“

Während der arme Protokollant die „Enthaltungen“ auszählt, wird weiter formuliert, „aufgemanndelt“, gestrichelt, geblinzelt, heimlich gelesen, die Brieftasche ausgemistet, Fotos vorgezeigt, zu lange „ausgetreten“, getuschelt, gedämmert oder gar mit dem Schlaf gekämpft, bis wieder einer zeigt, daß er es immer schon besser gewußt hat. Es zeigt sich ein ähnliches Bild wie in einer Schulklasse, wo allerdings weder gequalmt noch nach einem zweiten Schnaps gegiert werden darf.

Sitzungen sind nur kurz, wenn man Krieg will, oder jahrelang, wenn man keinen mehr will. Zufrieden ist nur der, der die Hand am Drücker wähnt. (Aber zwischen Anlasser und Gang sitzen, weniger als Kupplung denn als Bremse, neue Sitzungen.)

Wie gesund ist es doch zu gehen, zu stehen, zu laufen, zu liegen und zu sitzen, ohne zu tagen.

Ben Akiba?*

Lernt der Mensch aus der Geschichte der Fehler und klugen Einsichten und Erkenntnissen, um das Heute besser modifizieren zu können? Machen wir die Probe aufs Exempel im Felde der Pädagogik. Welche Zeitgenossen mögen es gewesen sein, deren Gedankengut, nur leicht transponiert und mit heutigen Stoßseufzern durchsetzt, von den zu erratenden Autoren, teilweise in ihrer alten Sprache, vorgetragen wird? Beispiel I: Gedanken zur Erziehung in der Vorschule, frei nach?

Da jedes Jahrhundert das geistige Klima des Menschen ist, kommt der Erziehung große Wichtigkeit zu, begreiflicherweise schon zur Knospenzeit des Kindes. „Alle ersten Fehler sind ... die größten; und die geistigen Krankheiten werden, ungleich den Pocken, desto gefährlicher, je jünger man sie bekommt." Weit über einundeinhalbes Jahrhundert nach dem Zeitpunkt dieser meiner Überzeugung wird lernpsychologisch doch nicht dergestalt „objektiviert" werden, daß vergessen werden kann: „Lernen ist mehr Wärme denn Säen." Und: Ohne das einsaugende Vermögen des Kinderglaubens und ohne die – zweite – Kraft der Erregbarkeit kann nicht gelernt werden. Wird man im Dezennium der Siebziger des zwanzigsten Jahrhunderts durch eine neue Vorstellung von „Begabung" diese wieder wörtlich nehmen? Tabula-rasa-Lehre hin oder her, „der erkaltenden Materie gehen (aber) nur matte Abdrücke ein".

Sind viele dieser Binsenwahrheiten nicht bleibend und einfach, ohne simpel zu sein? Werdet Ihr das Alte abtun? Wisset: „Jeder hält sein Leben für die Neujahrsnacht der Zeit, und mithin ... seine Träume darin für Prophezeiungen aufs ganze Jahr." Überschätzt nicht die Früchte Eures Kopfes, etwa in Lernzielen. Bedenkt vielmehr praktisch: „Von jeher ging der Kopf dem Herzen oft um Jahrhunderte voraus, wie bei dem Negerhandel; ja, um Jahrtausende,

---

* In Gutzkows „Uriel Acosta" gibt Oberrabbiner Ben Akiba die bekannte Mutmaßung „Alles schon dagewesen" von sich.

wie vielleicht beim Kriege." Auch das sind gesellschaftspolitisch relevante, soziokulturelle Determinanten!

Zurück zur Freudigkeit im Lernen, der unabdingbaren. Ob man sie vergessen wird? „Man mache nur Spielraum – indem man die Unlust wegnimmt –, so fahren von selber alle Kräfte empor." „Einen traurigen Mann erduld' ich, aber kein trauriges Kind; denn jener kann, in welchen Sumpf er auch einsinke, die Augen entweder in das Reich der Vernunft oder in das der Hoffnung erheben; das kleine Kind aber wird von einem schwarzen Gifttropfen der Gegenwart ganz umzogen und erdrückt." Das muß kein Plädoyer für eine heile Welt sein.

Die verjüngte Spiel-Welt, die für die vergrößerte ausrüstet, bedürfte der Freuden- und Spielmeister als Vor- und Flügelmänner der Schulmeister, aber keinesfalls einer deswegen ängstlich gehaltenen Spielordnung. Was ich in Sonderheit loben will, das sind Kindertänze: „Selbst-Drehorgeln", selber mitsingend. „Wie in der alten Astronomie, sind elf Himmel der Kinder bewegliche, und nur einer unbeweglich (der des Schlafs)." Ein weiteres: „In der Kindheit der Völker war das Reden Singen; dies werde für die Kindheit der Einzelwesen wiederholt." Ist es auszudenken, daß am Ende des 20. Jahrhunderts die geforderte Beweglichkeit immer noch nicht hergestellt sein mag, noch Lust am zweckfreien Gesang die Kindheit fortsingt?

Beispiel II: Bedingungen einer Curriculumsrevision, frei nach?

Ich sehe im Zentrum des Kinderlebens die Beweglichkeit, weil sie nachahmenswerte „Vorlagen" sensomotorisch motiviert.

Ein Unterricht, in welchem also nicht die Didaktik vor dem Rechnen, der Sprache, der Naturwissenschaft als solchen den Vorrang hat, wird zwangsläufig nur unzureichend zur „Entwicklungsleitung der Kinder" dienen können. In der „Erforschung der Ziele, der Mittel, der Methoden" und der „systematischen Darstellung der Ergebnisse" gewinnt die Pädagogik den Rang einer selbständigen Wissenschaft. Sie nimmt hierbei einen Standpunkt auf der Grundlage von – auch statistisch gesicherten – Hypothesenbildungen, Schulversuchen und Erprobungen in der Praxis ein, die sich deshalb nicht nur auf Tatsachen stützen muß, sondern weiterhin Werte anerkennen soll.

Den Kanon ihrer Hilfswissenschaften wird die Pädagogik wesentlich ausweiten müssen (was normative Aspekte mit sich bringt, z. B. den Wert „Gesundheit"). Solche Hilfswissenschaften sind z. B., neben Hygiene und Volkswirtschaftslehre, Psychiatrie und Ökologie. Es wird doch wohl nicht siebzig Jahre dauern, bis man sich auf diese Umweltlehre besinnen oder die Jugendpsychiatrie Ausgangspunkt pädagogischen Handelns werden lassen wird? Zwar bin ich dafür, „Reize und ihre Rückwirkungen" objektiv nach Zeit, Form, Menge, Güte zahlenmäßig zu erfassen – aber daneben seien ein Selbstverständnis beispielsweise Lehrmittelzentralen und pädagogische Auskunftsstellen für alle.

Apropos: Man wird mir noch einige Zeit Überschwenglichkeit vorwerfen und mich dann wohl vergessen, nichtsdestotrotz bin ich unverändert der Meinung, daß aus einer solchen didaktisch-experimentellen Konzeption eine Arbeitsgemeinschaft aller Kulturvölker, ja eine Weltpädagogik begründet werden könne. (Ein Auftakt hierfür? Die UNESCO!)

Fall I: Jean Paul, Levana, 1806.
Fall II: August Lay in seinen Werken ab 1903.

Was ist wichtig?

Unter den historischen Kalauern ist wohl einer der frappierendsten, daß der allseits bekannte Napoleon auch nur 5 Telefonapparate zur gleichen Zeit bedienen konnte. Die Vorstellung ist gar nicht so abwegig, sieht man Börsenmakler aus Anlaß einer Wirtschaftskrise herumtelefonieren. Tageszeitungen und Fernsehen bringen dann gern die mit Telefonen übersäten Tische ins Bild. Trotzdem steht fest, daß das sechste Telefon eben nicht mehr das Ohr erreicht. Der Mensch kann seine Aufmerksamkeit nur bedingt streuen und steuern. Aus diesem Grund erfand er auch den Computer, der ihm aus der Überfülle der Datenbank das herausholt, was gerade ansteht.

Über dem Naheliegenden, über dem, was beispielsweise in der Kulturpolitik gerade vor Wahlen getrieben wird, gerät manches in Vergessenheit. Wir können uns eben nur auf bestimmte Teilausschnitte des Lebens konzentrieren, wenn überhaupt etwas geschehen soll. Bei diesem Vorgang wird aber unser Blick für das, was wesentlich ist, oft zu Gunsten des weniger Wichtigen getrübt.

Ich bin zum Beispiel sicher, daß eine selbstlehrende Mediothek in den erziehungswissenschaftlichen Fakultäten mithelfen könnte, manches auf einfacherem Wege zu veranschaulichen, was ansonsten nur umständlich gesagt oder gar nicht gesagt wird. Das reformerische Interesse kann sich jedoch nicht einmal darauf konzentrieren. Notwendige Beschlußkollegien verbrauchen sich im Mehrfrontenkrieg oder in der diplomatischen Kooperation mehr als den Sachen guttut. Über Wahlordnungen, Vorschlagslisten, Lehrauftragsqualifikationen, Umschichtungen in der Studienordnung engt sich das Bewußtsein leider auf eine Tagesordnung ein, die Außenstehende zu dem Ausruf bringt: „Eure Sorgen möchte ich auch einmal haben!“

Insofern sollte man es mit Illich halten (oder mit Novalis), nämlich das Wesentliche nicht aus den Augen zu verlieren.

Aber was ist das? Manche Soziologen haben ohnehin derartige Abstrakta in den letzten Jahren scharf attackiert. Man denke an das

„Eigentliche“, an das „Innerliche“. Auslassungen über Curricula, in denen das Wort „Kind“ überhaupt nicht mehr vorkommt, führen in diesem Sinne Scheingefechte, treffen das „Wesentliche“ jedenfalls nicht, was immer man darunter verstehen mag.

Sicher zählt jeder, der am pädagogischen Metier interessiert ist, zu den Sammlern wichtiger Ideen, die freilich naturgemäß wieder seinem Bewußtsein entgleiten. Aus der gedanklichen Ideenkiste tauchen manche Vorschläge wieder auf, die, weil nicht realisiert, eine Verarmung unserer ohnehin inzwischen grenzenlos gewordenen pädagogischen Domäne darstellen. Ein paar Beispiele: Erinnern Sie sich noch an die Aktion „Student aufs Land“ aus dem Jahre 1966 mit dem Ziel, durch Bildungswerbung begabte Schüler vom Dorf auf höhere Schulen zu bringen? Inzwischen ist der Abiturientenstrom so groß, daß es an Nachschub nicht mangelt, aber das Land bleibt weiterhin unterprivilegiert.

- Verfolgen Sie ein wenig den Streit um Ziel und Plan der Arbeitslehre, dann stellen Sie dabei fest, daß es in der Lehrerbildung einer hochindustrialisierten Gesellschaft nicht einmal den Gedanken an Industriepraktika gibt, sicherlich auch wegen eines Verdrängungsprozesses. Verdrängung, weil die Gefahr heraufbeschworen wird, sich mit dem Establishment und seinen Problemen im Industriepraktikum auseinanderzusetzen?
- In der Hauptschule gibt es Betriebsbesichtigungen und – sehr vereinzelt – Verbraucherkunde; dazu sogar ein wenig „Konsumerziehung“ oder Pädagogik der Wirtschaftswerbung und Propaganda. Was es aber bei Marktbesichtigungen nicht gibt, ist z.B. eine Tiefenpsychologie werblicher Finessen.
- Haben wir nicht zur Winterzeit Karten der UNICEF verschickt? Was aber sind die Ziele des Weltkinderhilfswerks? Unterstützen wir nicht etwas, was wir gar nicht kennen wollen?
- Wir stellen fest, daß es um den europäischen Gedanken heute eher schlechter gestellt ist als noch im 18. Jahrhundert, wo die Chance bestand, unter französischer Flagge zu einem geistig einigen Europa zu kommen. Weniger hochgespannt gefragt: Haben die heutigen Europa-Schulen als europäische Schulen die Chance eines eigenen Gesichts oder nur politische Alibi-Funktion für die außenpolitischen Ministerien? Und haben Sie schon einmal etwas von Europa in der Lehrerbildung gehört? Sie meinen „ja“, und zwar, bevor alle von der Friedenspädagogik redeten. Wie lange bleibt Europa noch eine schöne Träumerei?

Zum Schluß noch einmal zurück aufs Land. Gibt es nach der Einrichtung der Verbandsschulen, der Mittelpunktschulen auf den

Dörfern noch eine Art „kulturellen Mittelpunkt“, zumal ja auch die Pfarrhäuser immer mehr zu „Schneckenhäusern“ werden? Die Organisation der Schulbusfahrten – zugegeben unabdingbar notwendig – ließ uns völlig vergessen, den alten Trott, alles von der Stadt her zu sehen, einmal aufzugeben. Aber dazu wäre es auch wohl nötig, wieder aufs Land zu kommen, durch eine anders angelegte Aktion „Student aufs Land“.

Kontrolle des Erfolgs

„Alles unterwirft sich dem Erfolg, sogar die Grammatik"

Viktor Hugo

Das Wort „Erfolg" ist heutzutage mehr denn je ein Zauberwort. Mit dem Erfolg oder Mißerfolg eines Managers, eines Autors „steht und fällt" meist alles, so wie das in der Wirtschaft Aktien mit feinsten Ausschlägen anzeigen. Während einerseits der Leistungszwang, als unser aller Verderben, von Outsidern verteufelt wird, bemühen sich die anderen „mitzukommen", mit dem, was „man soll".

In der Schule, in der Jugendarbeit wird gleichfalls aller Erfolg mit Kontrollen abgesichert. Das eigentliche Verhängnis des Erfolgsstrebens scheint in der Meßbarkeit dessen zu liegen, was erstklassig ankommt, weil das Resultat eben ein „Renner" zu sein hat. Hundertstel Sekunden beim Sport, Umsatzziffern im Betrieb haben uns den Blick für die Kriterien des Erfolgs ins Quantitative verzogen. Wir sehen seine unterrichtliche und erzieherische Relativität nicht mehr, wenn es sogar in Kunsterziehung ebenso Zwischennoten gibt wie in Religion.

Tatsächlich hängt von unserer Einstellung zum schulischen Erfolg als sichtbarem Ergebnis nicht nur das Schicksal der Pädagogik weitgehend ab, sondern auch hunderttausendfach das Einzelschicksal. Wie schnell wird z.B. von einem Sonderschüler mit einem Intelligenzquotienten von 83 „kein Erfolg mehr erwartet". Das Kind mit „Fehlleistungen" kann sich so nur in sein Schneckenhaus zurückziehen, woraus man es ohne Rücksicht auf Erfolg nur mit Liebe wieder locken könnte. Durch unsere neue Auffassung vom „Begaben" anstatt von Begabung wird wenigstens erst in zweiter Linie an sogenannte „Erfolgsberufe" gedacht.

Bei aller Reserve gegenüber dem neuen Bild vom Erfolg ist es doch notwendig, es kennenzulernen. Ist der Erfolg nur weitgehend Produkt geschickten Manipulierens, etwa bei Buch-Bestsellern? Oder erbringt die Befähigung, auf Trends eingehen zu können, die modisch in der Luft liegen, den großen Beifall? Bis wohin ist Erfolgsstreben lebenserhaltend? Ab wann ist es im sozialen Zusammenspiel zerstörerisch? Wann ist die Relation eines gesetzten Solls zum

Ergebnis negativ zu bewerten? Gibt es nicht eine Leistungslust, die landläufige Lüste in den Schatten stellt, vielleicht einfach aufgrund einer masochistischen Komponente, die „Erfolg" als Nebenprodukt abwirft?

Können wir für „Erfolg" einiges bei der Werbung abschauen? Da gibt es zum Beispiel die „AIDA"- und die „Othello"-Formel, die beide bei genauerem Zusehen didaktisch so vertraut anmuten: A wie Attention (Aufmerksamkeit) erregen, I wie Interest (Interesse) hervorrufen, D wie Desire (Bedürfnis), A wie Action (Aktion) auslösen und dann O wie Ordnung zu halten verstehen, T wie das Thema treffen und so weiter. Wenn man des weiteren Buch-Bestseller wie etwa den von Neills antiautoritärer Erziehung auf das hin abklopft, was darin „gezogen" hat, dann bringt die Analyse weitere, ähnlich vertraute Phänomene zutage, als da sind: Inselhaftes Glücksgefühl, Angstfreiheit, Überlegenheitsgefühle durch Erfüllung pädagogischer Wunschvorstellungen beim Leser, Verzicht auf einengende Regeln und Maßstäbe und an Stelle dessen matriarchalische Wärme.

Das mag noch relativ spezifisch erscheinen, aber schon beim Blick auf erfolgreiche Kinderbücher zeigen sich allgemeinere, stets wiederkehrende Prinzipien: Identifikationsmöglichkeiten, Darstellung des Lebenskreises nicht nur auf realistischer, sondern auch auf metaphorisch-abenteuerlicher Ebene, vielfältige Querverbindungen, um die Enge des Bewußtseins zu sprengen.

Erfolgsrezepte sind schließlich immer auf menschliche Grundbedürfnisse abgestellt: Mut gemacht zu bekommen, sich bestätigt zu sehen, zugleich zu seiner Identität zu gelangen, Lust am Leben finden zu können, Zusammengehörigkeit mit Gleichgesinnten zu spüren. Qualitativ Erfolg hat, wer diese Gefühls- und Bewußtseinseinlagen zu vermitteln versteht.

Je länger man analytisch einer Psychologie und Soziologie des Erfolgs nachgeht, um so mehr erkennt man, daß z.B. in der Sozialpädagogik ein Scheitern so schnell droht, weil die Erzieher so wenig um den anderen einfühlend ringen. Erfolg kann da nur haben, wer Kinder und Jugendliche nicht anlügt, sie also nicht verrät und verkauft. Wer ihnen Wärme gibt, ihnen sachlich, freizügig und ernsthaft hilft, wie es ihnen optimal entspricht, der ist persönlich glaubwürdig für sie da, bestätigt sie und sorgt so für Entfaltungschancen.

Das mag wie ein „Wort zum Sonntag" klingen oder wie eine überflüssige Binsenwahrheit schmerzen. Gibt es Besseres? Gibt es eine „zugkräftigere" Alternative?

„Schafft die Schulen ab!"

Nur von einer geübten Urteilskraft kann Unterscheidung für Entscheidung geleistet werden. Weder Bourgois noch linientreuer Marxist gehen „wirklich" auf neue Erkenntnisse ein, weil sie sich mit ihrem Weltbild unkritisch identifizieren und deshalb nicht von ihm abstrahieren können.

Entsprechend sieht es mit den „bürgerlichen" Schulreformen aus, die sich dem Druck teilweise beugen, „wenn nur nicht alles ins Wanken gerät". Die Konservativen behalten das Ganze durch das Berechtigungswesen, durch den „Sach- und Fachzwang", fest im Griff. Die Gegenseite kommt nicht weiter, weil sie nicht realpolitisch denkt" sie schießt utopisch über die Ziele hinaus und resigniert zudem an der Tatsache, daß ihre linken Modelle, von Rußland bis China, schwer übertragbar oder irrelevant sind. Der größte Fehler beider Teile jedoch ist es, die eigenen Entwürfe nicht in Frage stellen zu können. Die Kritik richtet sich immer nur gegen die andere, nie gegen die eigene Konzeption. Das ist die Crux ihrer „Wissenschaften".

Geistig befreiende Impulse von Köpfen zwischen den Lagern sind unter diesen Umständen lebhaft gefragt, weil sie am ehesten unbefangen und radikal offen kritisieren können.

Die Bildungseuphorie der „Sechziger" überdeckte, mitgerissen vom Tatendrang der Linken, ob für oder gegen sie eingestellt, fundamentale Voraussetzungen. Kein Wunder beim völligen Fehlen ironisierender, satirischer, sarkastischer Kräfte, etwa im Sinne Heines. Enttabuisierung ermöglicht, zum Über- und Nachdenken zu kommen. Dazu können uns heute nur kräftige, überraschende Stöße veranlassen, die uns aus dem Trott bringen.

Ivan Illich und seine Jünger führen uns nach Guernavaca und machen uns erneut klar, daß die Schule die Systemzwänge der Gesellschaft reproduziert. Gedeckt durch anonyme Dritte findet ein Wettbewerb statt, der nur Leistungsbescheinigungen im Zuge angeblich meßbarer, vorgegebener Lernprozesse führt. In Wahrheit sind die eskalierenden Schulen „ineffizient". Die Überbetonung der Institutionalisierung beeinträchtigt die zwischenmenschlichen Verbindungen. Die Verschulung treibt immer weiter von der eigenen Verantwortung weg.

Die Mauern um die Pädagogische Provinz sind immer noch nicht gefallen; es entsteht so der Anschein, daß außerhalb der Schule nicht weitergelernt werden könne und müsse. Der Aufstieg beginnt als Lauf über die Hürden eines staatlich sanktionierten Schulsystems, das weitgehend die Interessen der Industriegesellschaft vertritt. So wie der „Dritten Welt“ „nur“ „neue Produkte“ gebracht werden, anstatt des Lebensnotwendigen, bringt auch die Schule über die scheinbare Chancengleichheit oft nur eine Verschärfung des Konkurrenzkampfes.

In der Tat fällt auf, daß wir von den drei Forderungen der Französischen Revolution immer nur an die Égalité zu denken scheinen, ohne die anderen gleichbedeutend und in Korrelation mitzudenken. Von Bildungsfreiheit ist nicht die Rede. Diese meint wohl Illich, wenn er über einen Bildungsbonus liberalisieren will. Die Brüderlichkeit beschwört Illich mit dem Hinweis auf den Bruder des Prometheus, der homo faber bleibt, mit dem liebesfähigen Epimetheus, den niemand kennt, der aber unbekanntes Vorbild ist, wo mit Sensitivity-Training, Gruppentherapie, Rollenspielen Annäherung versucht wird. Brüderlichkeit, das hieße Wiederentdeckung der Erziehung in der Schule, Neuentdeckung der Schülerschule, der Bedürfnisse der Kinder, der Elternschule für Kinder, die morgen Eltern sein werden.

Läßt der Lernzwang nicht unweigerlich sowieso das Schulwesen weiter in sich erstarren? Die Medien könnten uns beispielsweise zum schulfreien Lernen ermutigen. Die Neueinschätzung alter, scheinbar selbstverständlicher Reichtümer, wie Luft und Wasser z.B., wird einen Wandel der Einstellungen zu dem, was wichtig ist, bedingen. Freilich muß hier ein Bewußtseinsprozeß zugunsten unserer Umwelt vorausgehen.

Wie kommen wir zum Schweigen, um uns besinnen zu können? Und ohne das notwendige Reden aufzuhören? Ist nicht alles wieder nur Utopie? Wo sind die selbstgesuchten Partner für gesellig-freie Formen des Lernens? Kann es in der Kastengesellschaft der unterschiedlichen Länder noch ein Entrinnen irgendwohin geben?

Im Sinne Illichs wäre es unsere Aufgabe, mit dem Bildungswesen, das wir mit Erfolg für unsere Kinder erfinden, eher angenehm zu überraschen. „Unsere Hoffnung auf Erlösung liegt darin, daß wir von dem anderen überrascht werden. Mögen wir lernen, immer neue Überraschungen zu erleben.“

Bis zur Untrüglichkeit

„Friedfertige", zum Frieden bereite Menschen, scheint es ohne neue Evolutionen (oder gar ohne Mutationen) nicht geben zu können, dennoch müssen friedfertige Menschen das Ziel der Erzieher sein. Die Erzieher aber kennen die Wege zu diesem Menschen noch nicht genau. Für die einen reicht es aus, die zunehmenden Aggressionen abbauen zu helfen, Konflikte zu objektivieren und dadurch aus der Welt zu schaffen. Feind-Seligkeit hat aber nicht allein psychologische und soziokulturelle Komponenten, sondern ist immer zugleich ein Politikum. Das meinen die anderen. Schon dieser Widerspruch bringt für die sog. Friedenspädagogik Schwierigkeiten mit sich. Zudem schaffen Entscheidungszwänge Verlegenheit, wenn Vorsätze zur Friedfertigkeit realisiert werden sollen. Im übrigen bleibt im Umfeld der Schulen bislang alles beim alten. Bevor überhaupt Vorsätze gefaßt werden können, sind zunächst Vorstellungen zu Krieg und Frieden rational zu klären, um zu wissen, wie sie einzuschätzen sind.

Das Heer der 1,6 Millionen italienischer Sonntagsjäger, das im September auszieht, um auf die letzten Amseln zu pulvern, ist nicht nur ein Fall für Psychotherapeuten, die in Hülle und Fülle patriarchalische Überwertigkeitsvorstellungen, Frustrationen und Tötungsgelüste vorfänden, sondern ein Zeichen eines ultrareaktionären Geistes. Ohne Rücksicht auf Verluste – seit 1964 gab es während der dreitätigen Feldzüge an die 370 Tote und 40000 Verletzte – werden von buchstäblich „Unberufenen", von Pseudojägern, ohnehin zum Aussterben verurteilte Tiere gehetzt und abgeknallt: 10 Gramm schwere Meisen ebenso wie vereinzelte Hasen, die die Autostrada zu meiden verstanden. Ist das schon Krieg? Wenn zwei seiner Kennzeichen chaotische Vernichtungswut und Ohnmacht der Opfer sind, dann ist das Krieg.

In seiner Begleitung finden wir auch eine Reihe anderer bemerkenswerter Züge, z.B. eine geradezu gigantische Tendenz zum Selbstbetrug und zur Lüge auf seiten derjenigen, die Kriegszustände vom Zaun brechen. (Als wäre er jemals mit Latten geführt worden.) Im Falle der Sonntagsjäger beruht die Täuschung in einem unentlarvten Männlichkeitswahn, dem sich die selbstsicheren Büchsenschützen unreflektiert überlassen.

Die unterschwellige Glorifizierung der Gewalt paßt für gewöhnlich in das Bild eines durch und durch kriegerischen Bewußtseins, in ein Gefühlsleben, das kein Erbarmen mehr kennt (wobei Erbarmen ja ohnehin schon einen Unterlegenen voraussetzt.) Ungeborgenheit, zwischenmenschliche Entfremdungen, zeitbedingter Streß genügen als Erklärungsgründe nicht für die tödliche Sucht, Krieg, Vernichtung zu dulden und zu führen. Es bedarf dazu vorschneller Wertungen, die als Urteile ausgegeben werden.

Gegen diese Erscheinungen ist bis zur Untrüglichkeit ein feines Sensorium zu entwickeln, um Verstand und Augen von Schuppen freihalten zu können. Wir sind mit einer schier unlösbaren Aufgabe konfrontiert, die sich – weil meist nur in Form von gemeinschaftsfördernder Psychagogik aufgegriffen – schon im Vorfeld der Friedfertigkeit erschöpfen kann.

Von den Sonntagsjägern zum Schießbefehl am DDR-„Schutzwall" in Ost-Berlin: Selbsttäuschung als Grund der Erbarmungslosigkeit. Der freilich quantitativ demgegenüber gesteigerte Wahnsinn des Krieges ist nichts anderes: schizophrene Konsequenz. Während (um einmal von den getroffenen Menschen abzusehen) Vietnams Wälder – prophylaktisch – für immer entlaubt wurden, wird „zu Hause" in den USA Umweltschutz gepredigt, ohne ihn wirklich (sprich wirksam) vollziehen zu können.

Wer den Krieg nicht will, weil er den Verlust des Sieges fürchtet, ist deshalb nicht schon friedliebend, wenn auch wenigstens vorsichtig geworden. Wer den Frieden liebt, muß die Verlogenheit hassen, die ihn blenden wird. Insofern hat der Christ in seiner Lehre recht, wenngleich das Christentum selbst nicht wenig zur Bemäntelung des Krieges beitrug.

Den Wolf im Schafspelz zu suchen, ihn hinter der Kreidestimme zu hören, muß die Aufgabe sein, wobei freilich die Gefahr drohen könnte, sich an die verharmlosende Metaphorik zu verlieren. Es genügt nicht, diesem Wolf einige Zähne auszubrechen oder ihn als Fabel-Wolf zu akzeptieren.

Der übergezogene Schafspelz, und sei er noch so neu, ist letztlich als Lüge zu erkennen. Sie muß der Erzieher begreifen, riechen und schmecken – und auf Realitäten beziehen lassen können.

In der christlichen Zeitschrift „Leuchtturm für Studierende" aus dem Jahre 1916 finden wir z. B. zwischen Kriegsberichten, Kunstbeilagen (Der Kaiseraar, Der deutsche Ritter) Kriegstechnik und Kriegswissenschaft (Leucht-, Brand- und Rauchgeschosse; Schrapnell, Granate, Einheitsgeschoß), Gedichten („Schwur der Feldgrauen“, „Deutsches Landwehrlied“) u.a. „Ethisches vom Kriege“, sprich: eines Goebbels würdige Kriegspropaganda. Auf die Frage „Sollen wir hassen?“ antwortet allerdings ein Landser: „Wir im Felde kennen den Feindeshaß kaum. Wir wissen nur zu gut, daß die Leute uns gegenüber... genauso hungernde, durstende, frierende oder schwitzende, von Ungeziefer geplagte, nach der Heimat sich sehnende Menschen sind wie wir... Daß diese Gesinnung unserem Mute, unserer Kampfesfreudigkeit, unserer Ausdauer keinen Abbruch tut, das, glaube ich, brauche ich nicht erst zu versichern... Wir kämpfen und dulden für unser Vaterland, aber nicht aus Haß gegen die Feinde.“ Ein Beispiel für den Ansatz zur Reflexion, die aber zuletzt in der Verdrängung erstickt. Kein Wort von Angst und Tod und Wahnsinn.

„Leuchtturm“ heute: z.B. Krieg als Abenteuer in Spielfilmen. Freigegeben ab 12 Jahren.

„Heile Welt“

Was ist das eigentlich, die viel verdammte „heile Welt“? Der Bauer, der im Lesebuch mit dampfenden Rössern den Acker bestellt? Die Familie, bei der nicht nur morgens um sieben, sondern ganztägig alles in Ordnung ist? Pädagogen mit gesundem Volksempfinden? Die Urlaubsidylle mit eigenem Sonnenschirm und Sandstrand für jeden, parzelliert wie auf der Robbeninsel? Jedenfalls ist „heil“ heute bei der Jugend nicht selten etwas widerlich Ganzes, „Gesundes“ und Harmonisches. Insgesamt eine Art wirklichkeitsfremder, neobiedermeierlicher, ja faschistoider Paradieseszustand.

Also weg mit der heilen Welt, her mit der unheilen Welt. Wie es auch mit diesen gegensätzlichen Welten sei, mir hängen sie beide in ihrer Undifferenziertheit zum Halse heraus. Die eine sucht die andere auszustechen, indem sie den Teufel mit Beelzebub austreibt. Im Anblick der unheilvollen, verbrecherisch-vergammelten Welt der Jugend soll um so stärker die Sehnsucht nach der fiktiven, irrealen „heilen“ Welt wachsen.

Mit dem Schlagwort von der unheilen „heilen Welt“ wird kulturpessimistisch die Lebensfreude, die man haben kann, mit dem widerlich sauberen Badewasser ausgeschüttet. Umgekehrt ist die schmutzige Brühe, die zum Beispiel Illustrierte zwischen Kreuzworträtsel und Arztroman mit Hilfe permanenter Greuelreports aufkochen, eine so gefällig unheile Welt, daß sie sich allein durch kommerzielle Intention von den Untergangsparolen Linksextremer unterscheidet, die als berufsmäßige Weltverbesserer sich zum Maßstab aller Dinge aufspielen und darüber das demokratische Gespräch vergessen, oder gar konkret mitarbeiten.

Nun ist zu allem Überfluß das öffentlich interessant gewordene Vorschulkind in besonderem Maße als Opfer der „heilen Welt“ bezeichnet worden. Es soll befreit werden, wie wir unterstellen wollen, für die brutale Wirklichkeit der hochtechnisierten Welt. Alle Entwicklungspsychologen seit Jean Jacques Rousseau müssen stockreaktionär gewesen sein. Fröbels Kindergarten war nur wegen der

Verwechslung mit seinem Neffen Karl verboten, und Maria Montessori, die nicht ohne Begeisterung die Blumenhüte des Jugendstils trug, war wohl nur eine Dienerin des Establishments der römischen Psychiatrie.

Ich bin keineswegs der Auffassung, daß wir bei der Bewegung „vom Kinde aus" steckenbleiben sollen, meine aber, daß die, die über die „heile Welt" jammern, doch erfreulicherweise, wenn auch widersprüchlich, eine positive Beziehung zum Lustprinzip haben. Warum nicht den Kindern ihren Spaß lassen? Warum nicht beabsichtigen, ihnen eine schöne und frohe Kindheit zu ermöglichen? Die Adjektive zu Welt – schön und froh – sind nicht einfach zu negieren. Natürlich sind sie ebenso allgemein wie „heil" und daher ziemlich vage. Bevor man aber am Auslachen der „heilen Welt" erstickt, sollte man mit ein wenig Toleranz prüfen, was für einzelne Kinder, für Gruppen, für Altersstufen und Sonderfälle optimal getan werden kann – oder auch unterlassen werden sollte.

Wer die Pauschalverdammungen der Sonnentage, die es auch in unserer Zeit gibt, liest und hört, wird schnell feststellen, daß sie auf die falschen Objekte zielen. Da werden am Samstag nach dem Essen die Kinder ins Auto gepackt, und wie ein Zug von Lemmingen schleppt sich ein zäher Strom von 3800 Autos pro Stunde in Richtung Süden. Im vertrauten Schmalznudel-Café angekommen, scheint man direkt glücklich zu sein, nur dreißig Minuten anstehen zu müssen.

Bei der Heimfahrt im früh einsetzenden Nebel hört man triumphierend, daß die Verstopfung auf den Ersatzrouten diesmal größer ist als auf der stur eingehaltenen Hauptstrecke. Auf die Idee, zum Beispiel einmal das Hinterland zu entdecken, wo man allein wäre, kommt kaum jemand. Das Leben, das uns Arbeit und Gesundheit und zunehmende Freizeit beschert, böte sonst vielleicht keinen Anlaß mehr zu Lamento und Entrüstung.

Es scheint so, als müsse die Welt finsterer gemalt werden als sie ist, um aus den gewollten Frustrationen heraus die eigenen Aggressionen entsprechend nähren zu können. Es fällt einem nicht ein, daß man Kinder dadurch am wenigsten manipuliert, indem man sie in Ruhe läßt, in einer Welt, in der wir uns zurechtfinden müssen und wie sie uns der Alltag bietet. Kümmern wir uns nicht länger um ihre Adjektiva. Das besitzanzeigende Fürwort ist ausschlaggebend: „Unsere Welt"! Darin liegt mehr eigener Ansporn.